U0553874

学龄前普通话典型儿童和自闭症儿童的语言理解

周鹏 著

商务印书馆
The Commercial Press

图书在版编目(CIP)数据

学龄前普通话典型儿童和自闭症儿童的语言理解 / 周鹏著. —北京：商务印书馆，2024
ISBN 978-7-100-23156-5

Ⅰ.①学… Ⅱ.①周… Ⅲ.①学前儿童—汉语—语言能力 ②孤独症—儿童教育—特殊教育—语言教学 Ⅳ.
① H193.1 ② G766

中国国家版本馆 CIP 数据核字（2023）第 194030 号

权利保留，侵权必究。

学龄前普通话典型儿童
和自闭症儿童的语言理解

周鹏 著

商 务 印 书 馆 出 版
（北京王府井大街36号 邮政编码100710）
商 务 印 书 馆 发 行
北京盛通印刷股份有限公司印刷
ISBN 978-7-100-23156-5

2024年5月第1版	开本 710×1000	1/16
2024年5月北京第1次印刷	印张 10	

定价：59.00 元

目 录

0. 引言 ··· 1

1. 儿童句子加工 ·· 5

1.1 渐进式加工 ·· 5
1.2 自闭症儿童的句子加工 ·· 8
1.3 眼动追踪的视觉-情境范式 ··· 11

2. 儿童对词汇语义信息的使用 ··· 15

2.1 研究问题 ··· 15
2.2 研究方法 ··· 15
    2.2.1 受试信息 ·· 15
    2.2.2 实验材料和设计 ·· 17
    2.2.3 实验程序 ·· 19
    2.2.4 实验预期 ·· 19
2.3 研究结果 ··· 20

  2.3.1 动词时间段 ··· 20

  2.3.2 宾语时间段 ··· 24

2.4 讨论 ·· 25

3. 儿童对形态句法标记的使用 ·· 29

3.1 研究问题 ·· 29

3.2 研究方法 ·· 30

  3.2.1 受试信息 ··· 30

  3.2.2 实验材料和设计 ·· 31

  3.2.3 测试句的录制 ··· 34

  3.2.4 实验程序 ··· 35

  3.2.5 数据处理 ··· 35

3.3 研究结果 ·· 36

3.4 讨论 ·· 45

4. 儿童对韵律信息的使用 ·· 47

4.1 研究问题 ·· 47

4.2 研究方法 ·· 51

  4.2.1 受试信息 ··· 51

  4.2.2 实验材料和设计 ·· 52

  4.2.3 实验程序 ··· 55

  4.2.4 数据处理 ··· 55

  4.2.5 实验预期 ··· 56

4.3 研究结果……56
4.4 讨论……64

5. 儿童的语言理解与社会认知……67

5.1 研究问题……67
5.2 研究方法……72
    5.2.1 受试信息……72
    5.2.2 实验材料和设计……73
    5.2.3 实验程序……75
    5.2.4 实验预期……77
5.3 研究结果……78
5.4 讨论……82

6. 儿童对花园路径结构的理解……86

6.1 研究问题……86
6.2 研究方法……95
    6.2.1 受试信息……95
    6.2.2 实验材料和设计……95
    6.2.3 测试句的录制……98
    6.2.4 实验程序……99
    6.2.5 实验预期……100
6.3 研究结果……101
6.4 讨论……104

7. 儿童语言加工机制 ··· 108

7.1 典型儿童的语言加工机制 ·· 108
7.2 自闭症儿童与典型儿童的加工异同 ································ 115
7.3 语言理解与非语言认知能力的关系 ································ 119
7.4 对诊断和干预的启发 ··· 121

参考文献 ·· 124
附录 A：第一项研究中使用的测试句 ·· 145
附录 B：第二项研究中使用的测试句 ·· 147
附录 C：第三项研究中使用的测试句 ·· 149
附录 D：第五项研究中使用的测试句 ·· 150
后　记 ·· 152

0. 引 言

从中国古代先秦诸子和古希腊先哲开始，绵延几千年，人类从未停止过对人类智能奥秘的探索。春秋战国时期，思想空前活跃，由于政治斗争与学术发展的需要，演讲和辩论盛行。先秦诸子中的公孙龙、墨子、荀子都是能言善辩的智者。同春秋战国时代相近的古希腊社会，先哲毕达哥拉斯、苏格拉底和柏拉图同样都精通逻辑思辨。先哲们通过语言的逻辑思辨探讨对外部世界的认知和人类思维本身的规律，他们发明的形式逻辑体系成为西方科学发展的一个重要基础。

语言作为一套符号体系和思维系统，是人类智能进化的一次飞跃。没有语言能力也就没有人类智能。那么如何界定语言能力？过去50年的研究大致可以分为以下几种不同的取向。

取向一：从语言学视角对语言能力进行理论建构，尤其是形式语言学借助数学和形式化的手段对语言能力进行描写、假设，这使得语言学作为一门科学成为一种可能。把语言学理论作为对人类语言能力的一种假设，从而使其可以用科学实证的方法进行检验，这是语言学迈向科学的第一步。但是，纯粹借助逻辑和形式化手段建构出来的假设能在多大程度上被认为是针对人类语言能力的一种科学理论？如果对语言能力的理论建构不结合心理学和生物学的视角，这种理论能在多大程度上真实表征人类的语言能力？

取向二：从心理学和脑科学的视角探讨语言能力，关注通用学习能力在儿童语言习得中的重要性，探讨语言能力与其他认知能力之间的关系。研究的一个焦点在于：人类大脑中是否存在一个独立的模块专门负责语言（即语言模块论），而这个模块又相对独立于其他认知能力。了解语言能力及大脑中负责语言的区域和其他认知能力及相关区域（例如注意力、工作记忆、执行控制能力等）之间的关系，以及两者之间如何进行互动，有助于我们更好地理解语言的本质和其特殊性。但是，如果对语言能力的探讨不涉及语言系统自身的特征，不对该系统进行详细的语言学的描述，那么这样的研究也就流于表面，很难真正探究到语言能力的本质属性。

取向三：从人工智能（尤其是机器学习）的角度模拟人类的语言能力。基于深度学习架构的人工智能是建立在大数据统计的基础上的。以机器学习为例，它最基本的做法是使用算法来解析数据并从中学习，然后对真实世界中的事件做出决策和预测。机器学习使用大量的数据来"训练"，通过各种算法从数据中学习如何完成任务。机器学习尽管在视觉认知等方面取得了显著的成绩，但是对于语言的学习和使用存在着明显的短板。即使将来能够运用算法完善对语言信息的处理，但纯粹依赖大数据和算法，不考察人类学习和机器学习之间的差异，不表征人类语言系统自身的特征，在模拟人类智能的过程中忽略自上而下的认知加工机制，那么这样的人工智能永远不是对人类语言智能的真正模拟［具体探讨见周鹏（2021）］。

过去 50 年，以上三个方向的探索均为我们了解人类语言能力的本质做出了贡献，但受到学科壁垒的限制，三个领域之间缺乏深入的交流与互动。而要真正了解人类语言能力的本质特征就必须把不同取向有机结合起来，做到理论建构、实验探索和机器模拟的真正融合与交叉。要做到理论建构、实验探索和机器模拟的真正融合与交叉，必须找到合适的切入点。我们提出从可学性（learnability）的视角切入似乎可以作为一个突破口。具体地讲，可学性是指从儿童发育的角度考察儿童语言能力正常发展的机制以及语言障碍产生的异常机制，并从机器学习的角度对比机器学习和儿童学习的异同，尝试借鉴儿童语言习得的特征构建一个"人类语言模拟器"，把超大规模预训练语言模型与大脑中的先天语言结构和语言加工机制加以融合，走一条"先天结构、加工机制＋数据"的迭代进化之路，使机器学习可以展现人类水平的语言理解和产出。

本书中的研究内容都是国家社科基金项目"使用眼动追踪考察学龄前儿童语言发展研究"（项目编号：16BYY076）的研究成果。研究是从可学性视角对语言能力探索的一次尝试，它融合了语言学与心理学的研究取向。也希望这样的尝试可以为今后语言学、心理学、脑科学与人工智能的交叉融合提供一定的借鉴和参考。研究从儿童语言习得角度探讨人类语言能力的本质属性，至少具有以下三个方面的价值：

第一，理论价值。从可学性的视角探讨先天语言知识与后天语言环境的互动可以帮助我们了解语言能力的本质，以及人类智能与其他动物智能之间的本质差别。

第二，社会价值。儿童早期语言能力的发展对其后期表达能力、思维能力和学习能力的发展都具有重要意义。因此，从跨学科视角考察语言能力的发展及其病变机制可以帮助我们更好地推动儿童语言能力的开发以及儿童语言障碍的早期诊断与干预，是对《"健康中国2030"规划纲要》的呼应，这充分体现了语言研究的时代性和创新性。

第三，研究方法的融合与创新。首先是语言学理论与实验研究方法相融合，其次是语言发展正常机制研究与语言障碍异常机制研究相融合。创新乃至新的学科的产生往往发生在已有学科之间的高度交叉与融合过程中。该研究从语言学理论出发，融合心理学和病理学的研究方法，是学科之间交叉融合的一次努力尝试。

本书中的系列研究以语言能力中的语言理解能力为突破口，尤其关注学龄前汉语普通话儿童句子加工能力的发展，通过对比典型（typically developing）儿童和自闭症谱系障碍（autism spectrum disorder，以下简称自闭症）儿童句子加工能力的异同，希望实现以下三个主要目标：

（1）通过眼动行为实验考察3—5岁学龄前汉语普通话典型儿童的句子加工能力的发展，从跨语言的视角构建儿童语言加工模型。

（2）通过对比典型儿童和自闭症儿童在实时（real-time）句子加工过程中眼动模式的异同，考察自闭症儿童语言理解能力的受损部分和保存完好的部分，从而探究他们语言理解能力受损的内在机制。

（3）通过考察自闭症儿童的语言理解能力、智商水平以及社会认知能力发展之间的关联，探究语言能力发展与其他认知能力发展之间的关系。对语言能力发展的异常机制的考察，也能够帮助我们更好地了解语言能力发展的正常机制及其本质属性。

本书第1章介绍儿童句子加工的相关研究并探讨相关加工机制。同时，该章也介绍研究句子加工的经典实验范式"眼动追踪的视觉-情境范式"（visual world paradigm）（Cooper, 1974; Tanenhaus et al., 1995）。本书中的系列研究都采用该实验范式，或是在该范式基础上的改进版本。第2章至第4章详细介绍三项实验研究，考察儿童在实时句子理解过程中如何利用不同类型的语言信息（包括词汇语义、形态句法、韵律三类不同的语言信息），并对比典型儿童和自闭症儿童在利用不同语言信息过程中的异同。第5章包括一项对比典型儿童与自闭症儿童社会认知能力的实验研究，探讨语言理解与社会认知能力发展之间的关联。第6章呈现了一项考察儿童工作记忆与语言理解之间关联的实验研究，探讨工作记忆在儿童句子加工中的重要作用。第7章在前几章的基础上，探讨上文中的主要目标所提出的三个核心问题。

1. 儿童句子加工

1.1 渐进式加工

句子加工的预测机制在人类语言理解过程中起着非常重要的作用。研究表明成人在理解一个句子时，他们的句子加工装置（parser）利用不同的语言和非语言信息，渐进式地构建句子的句法和语义表征（Altmann & Kamide, 1999, 2007; DeLong et al., 2015; Kamide et al., 2003a, 2003b; Pickering et al., 2000; Staub & Clifton, 2006; Tanenhaus et al., 1995; Van Berkum et al., 2005）。研究者多关注听者在实时句子理解过程中如何整合语言信息和非语言的视觉信息，渐进式地建立语言指称（reference）。这其中最具代表性的是由 Gerry Altmann 的研究小组开展的系列研究，他们把预测性眼动（anticipatory/predictive eye movements）作为渐进式句子加工的一个重要行为指标（Altmann & Kamide, 1999, 2007; Kamide et al., 2003a, 2003b）。

例如，Altmann & Kamide（1999）首次发现成人在句子加工过程中可以快速利用句中动词提供的选择性信息来预测即将出现的句子宾语是什么，从而诱发预测性眼动：眼睛的注视点在宾语出现之前就已经落在根据动词信息所预测的宾语指称物上（另见 Altmann & Kamide, 2007; Boland, 2005）。在 Altmann & Kamide（1999）的研究中，英语成人受试听到（1）和（2）这样的句子，同时看到一个视觉场景。这个视觉场景中有一个男孩、一个蛋糕和一些玩具。

（1）The boy will eat the cake.
（2）The boy will move the cake.

注意（1）句中动词"eat"只能选择视觉场景中的蛋糕作为它的论元，而（2）句中动词"move"可以选择视觉场景中的任何一个物体作为它的论元。Altmann & Kamide（1999）发现受试听到（1）句中的"eat"时比他们听到（2）句中的"move"时要更多地看向视觉场景中的蛋糕区域。这个眼动效应出现在受试听到句子宾语"cake"之前，因此被称为预测性眼动。Altmann & Kamide（1999）提出该研究结果中发现的预测性眼动表明成人的句子加工装置在听到动词后能够迅速激活动词对其宾语的选择性信息，并用该信息来预测即将出现的语言信息。

除加工动词信息时出现预测性眼动之外，语言中抽象的语义信息也能诱发预测性眼动。Altmann & Kamide（2007）考察了英语成人受试是否可以利用时态标记所包含的抽象语义信息来预测句中宾语。同样给受试呈现一个视觉场景，该场景中有一位男士、一满杯啤酒、一个空的红酒杯、一些芝士和一些圣诞拉炮；同时受试听到（3）和（4）这样的句子。

(3) The man will drink the beer.
(4) The man has drunk the wine.

（3）句使用"will drink"，描述的是一个将来事件；而（4）句使用"has drunk"，描述的是一个完成事件。研究结果显示，受试听到"will drink"时比听到"has drunk"时要更多地看向视觉场景中那满杯啤酒。而在空的红酒杯区域，受试则呈现了相反的眼睛注视模式：受试听到"has drunk"时比听到"will drink"时更多地看向此区域。同样，该预测性眼动效应出现在受试听到句子宾语之前［例如，句（3）中的"the beer"，句（4）中的"the wine"］。

成人句子加工装置具备渐进式加工的属性，能够利用已有的语言信息对未出现的语言信息进行预测。我们感兴趣的问题是：儿童句子加工装置是否具备相同的属性呢？在句子加工过程中，儿童是否也可以利用已经获得的语言信息去预测即将出现的语言信息？从理论的角度思考，渐进式加工可以减轻工作记忆的负担，从而达到句子加工效率最大化。如果句子加工装置要把整个句子听完才开始处理其句法和语义信息，那工作记忆的负担就会相当繁重。这就相当于要在工作记忆中存储大量无结构的成分，直到句子结束。这样的加工方式显然对工作记忆容量与加工资源都有限的儿童来说负担会更重（Diamond, 2006; Gathercole et al., 2004）。理论上解决这一问题的一个路径是，假设渐进式加工是句子加工装置的一个先天属性/设计特征（design feature），儿童一出生，他们的句子加工装置就具备了利用已有的语言信息对未出现的语言信息进行预测的能力。渐进式加工作为句子加工装置的先天属性，可以使儿童在听到句子时利用已有信息建立临时句法和语义表征，从而预测即将出现的语言信息，并及时把相关信息整合到已有的表征，实现迅速有效地理解句子。

为了考察儿童句子加工装置的属性，检验渐进性属性是否是句子加工装置的设计特征，发展心理语言学家（developmental psycholinguists）开始采用 Gerry Altmann 研究小组的实验范式，检测儿童在句子加工过程中是否也呈现预测性眼动效应（Andreu et al., 2013; Choi & Trueswell, 2010; Fernald et al., 2008; Lew-Williams & Fernald, 2007; Nation et al., 2003; Omaki, 2010; Sekerina & Trueswell, 2012; Trueswell et al., 1999; Van Heugten & Shi, 2009）。研究发现英语母语儿童3岁以后就可以利用句中动词提供的选择性信息来预测宾语的信息，从而呈现出基于动词语义信息的预测性眼动（Andreu et al., 2013; Fernald et al., 2008; Nation et al., 2003）。研究也发现学龄前法语母语、俄罗斯语母语和英语母语儿童也可以利用语言中抽象的语法特征（如格标记）对句中信息进行预测，从而加速对句子的理解（Choi & Trueswell, 2010; Lew-Williams & Fernald, 2007; Sekerina & Trueswell, 2012; Van Heugten & Shi, 2009）。

但是以往研究多关注印欧语系母语背景的儿童，很少关注汉语母语儿童的在线句子加工。和很多印欧语系语言不同，汉语属于形态屈折变化不丰富的语言。在汉语中，很多语法范畴（如性、数、格和时态）都没有明显的形态标记。这种跨语言的差异为研究儿童句子加工提供了一个新的视角：在形态标记不丰富的汉语中，儿童在实时句子理解过程中可以利用哪些语言信息？他们和印欧语系母语背景儿童在句子加工模式上有哪些异同？我们希望通过考察学龄前汉语普通话儿童的句子加工能力的发展，从跨语言的视角构建儿童语言加工模型。

此外，语言能力的发展是一个动态的过程，要追踪这个过程就必须考察不同年龄阶段儿童的语言特征及其在此过程中表现出来的发展趋势。已有研究多关注某一特定年龄阶段儿童的句子加工能力，我们的研究从儿童发展的视角探讨该能力在 3—5 岁学龄前儿童中的发展特征，以及发展背后所反映的相关语言与认知机制的异同。

1.2 自闭症儿童的句子加工

以往研究缺少对非典型儿童实时句子理解的考察。我们的研究关注非典型群体（即自闭症儿童）的在线句子加工，考察学龄前自闭症儿童在实时理解过程中如何利用词汇语义、形态句法、韵律等不同类别的语言信息。

根据第五版的《精神障碍诊断与统计手册》（以下简称 DSM-5）（APA, 2013），自闭症的诊断基于两个症状群：(1) 社交沟通障碍；(2) 存在刻板重复的行为、兴趣狭窄。第一个症状群有三条具体的标准，要确诊自闭症必须同时满足这三条标准：(1) 社会情感互动存在缺陷；(2) 非言语交际上的缺陷；(3) 发展、维持和理解关系存在缺陷。第二个症状群有四条具体的标准，要确诊自闭症必须符合这个症状群中至少两个非典型的行为模式：(1) 刻板或重复运动的动作；(2) 坚持千篇一律，僵化固守常规惯例；(3) 高度限制、依恋的兴趣；(4) 非典型的感官灵敏度（对感官输入有过高或过低的反应性或对环境中的感官因素有异常的兴趣）。

和前一版手册（以下简称 DSM-IV-TR）（APA, 2000）相比，第五版对自闭症的诊断标准进行了较大的调整，即把与社交沟通无关的语言障碍从核心症状中去除了。虽然语言障碍不再被列为自闭症的核心症状，但它却是自闭症儿童最早呈现的症状之一，也是最容易被父母发现的特征之一。自闭症儿童早期的语言能力是预测其后期发展和独立性的重要指标之一。研究自闭症儿童的语言发展不仅可以指导早期诊断和干预，也为探索语言能力与其他认知能力发展之间的关系提供了一个窗口。

自闭症儿童语言能力的变异性大，尤其是他们的产出性语言（expressive language）。有的自闭症儿童结构性语言技能（如句子的语法结构）良好，达到正常水平；有的产出的句子语法有问题；有的开口说话较晚，但也能获得语言，尽管他们最终的语言水平和典型儿童相比还存在差距；有的虽然接受语言干预治疗，但始终不能开口说话，或者只有很少的语言。语言很少和没有语言的自闭症人群在自闭症谱系中占30%，且在该人群内部，语言能力也存在差异（Eigsti et al., 2007; Garraffa et al., 2018; Kjelgaard & Tager-Flusberg, 2001; Naigles & Chin, 2015; Naigles & Tek, 2017; Smith et al., 2007; Su et al., 2018; Tager-Flusberg, 2016; Tager-Flusberg & Kasari, 2013; Tek et al., 2014; Wittke et al., 2017）。

除产出性语言外，自闭症儿童的理解性语言（receptive language）也存在很大的差异性。研究大多认为和产出性语言相比，自闭症儿童的理解性语言受损的程度更严重（Boucher, 2012; Eigsti et al., 2007, 2011; Howlin, 2003; Hudry et al., 2010; Kasari et al., 2013; Kjelgaard & Tager-Flusberg, 2001; Koning & Magill-Evans, 2001; Kover et al., 2014; Luyster et al., 2008; Perovic et al., 2013; Plesa-Skwerer et al., 2016; Rapin & Dunn, 2003; Riches et al., 2012; Tager-Flusberg, 1981; Tager-Flusberg et al., 2005）。但目前考察自闭症儿童语言理解的相关研究较少，对他们语言理解能力的了解还很不充分，更缺少对他们语言理解背后有关机制的探讨。表面上看，自闭症儿童在语言理解方面有严重的缺陷，但正如Tager-Flusberg（1990b）所指出的那样：这种表面上的严重缺失可能更多地和他们缺乏社会性响应（social responsiveness）相关，而非语言加工上的缺失（另见 Rutter et al., 1992）。以往研究考察自闭症儿童的语言理解能力多采用离线（offline）实验任务，如标准化测试和父母的报告。此类离线任务往往对互动和反馈有很高的要求，而这样的互动和反馈对自闭症儿童来说是尤其困难的。他们自身的行为和症状特征经常会干扰他们完成相关实验任务，从而掩盖他们真实的语言理解能力［见 Kasari et al.（2013）、Plesa-Skwerer et al.（2016）等对相关离线实验任务的评价］。

近年来，研究者开始探索能够减少互动和反馈需求的实验方法，从而更有效地检测自闭症儿童的语言理解能力。眼动等在线实验工具慢慢被用在考察自闭症儿童和青少年的语言理解能力上（Bavin et al. 2016a, 2016b; Brock et al., 2008; Chita-Tegmark et al., 2015; Diehl et al., 2015; Naigles & Fein, 2017; Naigles & Tovar, 2012; Naigles et al., 2011; Norbury, 2017; Plesa-Skwerer et al., 2016; Swensen et al., 2007; Tovar et al., 2015; Venker et al., 2013; Zhou et al., 2018）。一般说来，基于眼动范式的实验研究具有以下两个优势：（1）对句子加工进程敏感（时域性）；（2）不依赖于受试的主观判断（如语言反馈、肢体动作反馈），而是通过客观记录受试在处理相关语言材料时的自发性眼动来推测他们的语言理解能力。

例如，Bavin et al.（2016a, 2016b）采用眼动范式考察了 5 到 9 岁的英语母语自闭症儿童在在线句子理解过程中能否有效利用词汇信息。研究结果显示，他们和典型儿童一样可以有效利用词汇信息进行实时句子理解。但需要指出的是，该研究中的自闭症受试群体在年龄上的跨度和差异性都较大。参加该研究的受试群体的年龄从 5 到 9 岁不等，且作者并没有给出每个年龄阶段的受试人数。基于这样的数据，我们很难就自闭症儿童句子理解能力的发展做出任何可靠的结论。如果该受试群体中的绝大多数儿童都是学龄儿童，那所得出的结论就只适用于学龄儿童。在另一项研究中，Diehl et al.（2015）采用眼动任务考察了 8 到 12 岁英语母语自闭症儿童和青少年在在线句子理解过程中对韵律信息的使用。研究结果显示，他们和同年龄的典型群体一样可以利用韵律信息解除句子歧义。但该研究考察的自闭症儿童也都属于学龄儿童或者青少年。目前，对学龄前自闭症儿童的语言理解能力和其发展轨迹的考察还远远不足。

本书的系列研究考察3到5岁学龄前汉语普通话儿童在实时句子理解过程中如何利用词汇语义、形态句法和韵律三种不同的语言信息，从跨语言的视角构建儿童语言加工模型。同时，我们对比典型儿童和自闭症儿童在实时句子加工过程中眼动模式的异同，考察自闭症儿童语言理解能力的受损部分和保存完好部分，从而探讨他们语言理解能力受损的内在机制，以及语言理解能力与其他认知能力发展之间的关系。在系列研究之前，我们先介绍该系列研究中所采用的实验范式——眼动追踪的视觉-情境范式。

1.3 眼动追踪的视觉-情境范式

该范式的基本原理是：当给受试提供一个视觉情境，同时呈现一个听觉刺激时，受试眼睛注视点在这个视觉情境中的运动轨迹可以真实反映他们大脑对这个听觉刺激的加工过程。运用到实时语言理解中来，一般可以认为当给受试呈现一个句子，以及和这个句子相对应的视觉情境时，受试眼睛注视点在这个视觉情境中的运动轨迹可以真实反映大脑对这个句子的理解过程（Cooper, 1974; Tanenhaus et al., 1995）。当然，要形成这样的推论就涉及一个内在的连接假设（linking assumption）：受试眼睛注视点在视觉情境中的运动轨迹必须和他们对同时呈现的语言刺激材料的实时加工存在同步性。所以在使用该范式考察在线语言加工时一定要确保两者之间尽可能同步。让受试眼睛注视点在视觉情境中的运动轨迹尽可能真实反映大脑对相关句子的加工过程需要做到两点：第一，控制可能影响眼睛运动轨迹的其他潜在因素；第二，把记录眼睛运动的时间和相关语言刺激材料中关键成分（如动词、形态标记等）的出现时间进行锁时（time-locked），保证语言刺激材料中的每一个重要成分都有清晰的时间窗口（temporal bin）和边界，便于实验数据的处理和分析。

该范式对语言加工的敏感度已经在以往的研究中得到了很好的验证,尤其是对语言加工时域上的敏感度,可以让研究者检测受试是如何动态建立听觉语言信息和视觉情境中的物体之间的指称关系的[又被称作指称加工(referential processing)的敏感度]。我们成功把该范式运用到学龄前典型儿童和自闭症儿童的语言加工中(见图1),专门制订了适合学龄前典型儿童和特殊群体儿童的实验流程和步骤[见图2,详细流程描述见 Zhou et al.(2018)]。我们通过使用遥测眼动仪记录自闭症儿童处理相关听觉和视觉信息时的自发性眼动轨迹(不要求他们对实验材料进行任何主观反馈,最大限度地减轻实验任务负担和交际需求),客观分析他们的信息加工过程。同时将他们的眼动轨迹与生理年龄匹配、心理年龄匹配的典型儿童的眼动轨迹进行比较,对比其异同。我们采用的指标是眼睛在某个特定时间段(以毫秒计算)在视觉刺激的某个特定区域(兴趣区,interest periods)的注视点比率(proportion of fixations)。例如,我们在某个特定时间段记录到了4个注视点,其中有1

图 1:儿童在做视觉–情境实验任务

个注视点落在兴趣区，那么在这个特定时间段该兴趣区的注视点比率是 1/4。通过对比在不同条件下，自闭症儿童与生理年龄匹配、心理年龄匹配的典型儿童的眼睛注视点特征，我们就可以分析他们语言与认知能力的不足。该范式突破了传统方法的局限，能够系统有效地考察自闭症儿童早期的语言与认知能力发展水平及其背后的信息加工机制。

除了上文讨论的设计实验任务时需要注意的事项外，在测试学龄前儿童，尤其是非典型学龄前儿童（包括自闭症儿童）时，需要注意以下几点：

（1）正式测试前需要有一个预热过程。在预热阶段，实验者要让儿童熟悉实验环境，并和儿童建立良好的信任关系。儿童需要的预热时间会有个体差异，有的儿童甚至需要多次预热才能够建立起对实验者和实验环境的信任。儿童建立对实验者和实验环境的信任是开展良好儿童实验的前提。

（2）研究儿童语言的一条重要原则是，无论采用何种实验方法，都要满足"儿童友好化"的任务设计要求。因此，对实验环境的设计也需要儿童友好化，但同时要减少干扰儿童完成实验任务的环境因素（例如，实验室装饰色彩过于丰富，测试空间过于空旷，儿童可以轻易接触到单向或双向玻璃，儿童视线范围内有很多他们喜欢的实验道具和玩具，等等）。

（3）实验过程中需要动态观测儿童的注意力是否集中在实验任务上。一般我们至少会有两位实验者：一位在测试时站在儿童的背后，两手轻轻扶着儿童的肩膀，通过该方式减少儿童在实验过程中的头部和身体摆动的幅度，避免因突然的头部和身体摆动导致需要重新校准眼动设备或出现实验中断；另

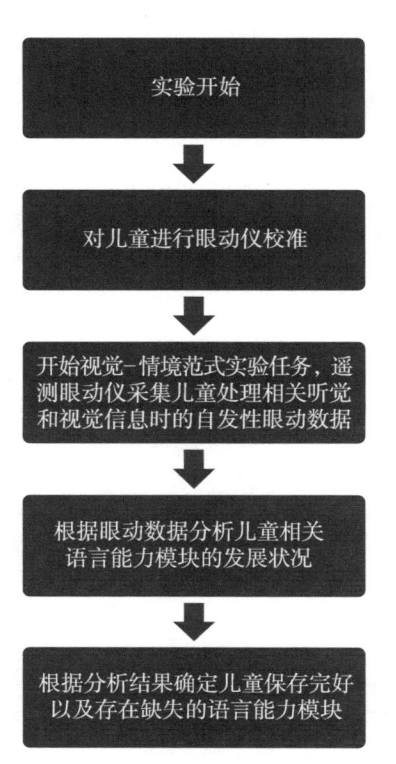

图 2：视觉-情境实验任务流程

一位实验者通过眼动设备的实时观察模式（live viewer mode）动态监测儿童的注视点是否集中在电脑屏幕上，如发现注视点偏离了电脑屏幕或出现了其他异常的注视行为，该实验者就会示意站在儿童背后的实验者帮助儿童重新聚焦电脑屏幕。

2. 儿童对词汇语义信息的使用

2.1 研究问题

如第 1 章所讨论的，英语成人和儿童在句子加工过程中可以快速利用动词的语义信息（即动词对其后出现成分的选择性信息）来预测句中宾语，从而诱发预测性眼动。本研究考察学龄前汉语普通话典型儿童和自闭症儿童在句子加工过程中是否可以使用动词语义信息来预测即将出现的宾语信息，从而呈现预测性眼动。

在汉语普通话中，当我们使用动词"骑"时，其后出现的物体必然具备"可以被骑"的属性；当我们使用动词"吃"时，其后出现的物体必然具备"可以被吃"的属性；但当我们使用动词"找"时，其后出现的物体不具备明显的特征和倾向性，并不限定在"可以被骑"或"可以被吃"的物体。本研究利用动词对出现在其后的成分的选择性差异（具有选择偏向的动词和没有选择偏向的动词），对比学龄前典型儿童和自闭症儿童利用动词语义信息进行预测的能力。

2.2 研究方法

2.2.1 受试信息

33 名自闭症儿童（图表中简称为 ASD）报名参加该实验，他们的诊断由医院通过 DSM-IV-TR（APA, 2000）和 DSM-5（APA, 2013）实现，并由研究团队通过 ADOS（Lord et al., 2000）进行独立确认。受试招募自恩启自闭症社区（手机平台）。为了尽可能地减少受试的异质性，该研究中只包含那些满足 ADOS 规定的自闭症诊断临床临界值的儿童。33 名儿童中有 2 名没有满足该临界值，没有进入正式实验；其他 31 名都参加了正式实验。在参加正式实验的 31 名自闭症儿童中，有 5 名在实验过程中由于有情绪激动和焦虑的表现，中途退出，没能完成全部实验内容。其余的 26 名儿童（年龄范围 5;4—5;10，平均年龄 5;7）顺利完成全部实验，他们的数据进入最后的统计分析。

为了进行典型与非典型的对比，该研究招募了 49 名典型儿童（图表中简称为 TD），分为两组：一组和自闭症儿童组年龄匹配（年龄范围 5;5—5;10，平均年龄 5;6），一组和自闭症儿童组平均句长（Mean Length of Utterance，简称 MLU）和言语智商（verbal IQ）匹配（年龄范围 4;2—4;10，平均年龄 4;6）。典型儿童受试招募自北京桃李芳园艺术幼儿园。该研究由清华大学医学伦理委员会批准（研究编号 20170018）。

为了计算受试的平均句长，我们会记录每一位受试在与父母互动过程中说的 100 句话，然后用这 100 句话中包含的词的个数的总和除以 100，得出平均句长。平均句长一般被看作衡量句子复杂程度的指标。受试言语智商的测量使用《韦氏幼儿智力量表第四版（WPPSI-IV）中文版》（李毓秋、朱建军，2014）。测量结果显示，所有受试（包括参加实验的自闭症儿童）的言语智商分数都在 90 以上，表明我们测试的自闭症群体是在整个谱系中相对高功能的。表 1 给出的是每一组受试的平均言语智商和平均句长。通过表 1 的数据，我们可以发现 5 岁的自闭症儿童组和 4 岁的典型儿童组在平均句长和言语智商上都匹配（MLU: $t(48) = 0.83$, $p = 0.41$, Cohen's $d = 0.62$; verbal IQ: $t(48) = 0.21$, $p = 0.84$, Cohen's $d = 0.60$）。但是该自闭症儿童组的平均句长和言语智商在统计上要显著低于年龄匹配的 5 岁典型儿童组（MLU: $t(49) = 22.80$, $p < .001$, Cohen's $d = 1.02$; verbal IQ: $t(49) = 3.56$, $p < .001$, Cohen's $d = 0.90$）。

表 1：每一组受试的言语智商和平均句长

	ASD 5 岁	TD 4 岁	TD 5 岁
言语智商			
平均值（标准差）	103.72（11.34）	103.85（11.67）	105.88（10.81）
范围	90—125	92—124	94—128
平均句长			
平均值（标准差）	5.84（0.15）	5.87（0.14）	6.86（0.15）
范围	5.58—6.05	5.55—6.05	6.50—7.05

2.2.2 实验材料和设计

我们一共设计了 16 个测试项，每个测试项由一张图片和两个测试句组成，一个测试句使用具有选择偏向的动词（命名为 bias 条件），另一个使用没有选择偏向的动词（命名为 neutral 条件）。实验中的图片刺激材料是关于两个人物角色的：康康（男孩）和美美（女孩）。康康出现在其中 8 个测试项中，美美出现在另外 8 个测试项中。图片中除了出现两个人物中的一人外，还会出现三个物体。这三个物体都可以和没有选择偏向的动词相匹配，但三个物体中只有一个可以和具有选择偏向的动词匹配。为了控制受试对某个特定物体的注视偏好，我们对图片刺激材料中三个物体出现的位置进行了平衡。

所有的测试句都具有相同的结构：主语（Subject NP）+ 要去 + 动词（Verb）+ 地上的 + 宾语（Object NP）。测试句的主语是"康康"和"美美"两个人名中的一个，句中动词都是单音节动词，句中宾语都是双音节名词。测试句除了主语、动词和宾语外，还有两个固定成分"要去"和"地上的"。在动词和宾语之间加上修饰语"地上的"是为了尽可能增加观测到动词语义信息引发的预测眼动效应的可能性。

我们用一个图片刺激材料示例（见图 3）来说明。该图片中有康康、一辆自行车、一个足球和一个蛋糕。和这张图片对应的两个测试句是（5）和（6）。（5）使用的是具有选择偏向的动词"吃"，其后出现的物体必然具备"可以被吃"的属性，对应图片刺激中的蛋糕。（6）使用的是没有选择偏向的动词，可以对应图片中出现的三个物体中的任何一个。（5）和（6）就构成了实验设计中的最小对

图 3：实验中的图片刺激材料示例（引自 Zhou et al., 2019）

（minimal pair）：除了动词（实验操纵的变量）不一样，最小对中的其他成分都一样。

（5）康康要去**吃**地上的蛋糕。
（6）康康要去**找**地上的蛋糕。

我们把这 16 个测试项分成两组实验刺激，每一组实验刺激都有 16 张测试图片和 16 个对应的测试句，其中 8 个测试句使用带有选择偏向的动词，8 个使用不带选择偏向的动词，且对应同一张图片的两个测试句不出现在同一组中。除了测试项之外，每一组实验刺激还包含 12 个填充项，两组实验刺激使用相同的填充项。和测试项一样，每一个填充项也由一张图片和一个句子组成。填充项中的图片和测试项相似。填充项中的句子都具有相同结构，见示例（7）：主语（Subject NP）+ 有 + 宾语（Object NP）。和测试句一样，填充句的主语也是"康康"或者"美美"。填充句的宾语是一个量名短语，并且和对应图片中的一个物体相匹配。

（7）美美有一匹小马。

每一组实验刺激材料中的 16 个测试项和 12 个填充项都随机排列。受试被随机分配到两组实验刺激中的一组：参加第一组的有 13 名 5 岁的自闭症儿童、13 名 5 岁的典型儿童和 12 名 4 岁的典型儿童；参加第二组的有 13 名 5 岁的自闭症儿童、12 名 5 岁的典型儿童和 12 名 4 岁的典型儿童。附录 A 给出了实验中使用的所有测试句。

2.2.3　实验程序

实验采用眼动追踪的视觉-情境范式（见 1.3 节对实验范式和操作的详细介绍）。受试在看电脑屏幕上呈现的图片（如图 3）的同时听到一个测试句［如（5）或（6）］。受试眼睛和电脑屏幕之间的距离一般是 60cm。测试句一般在图片呈现后的 500ms 出现，我们用 EyeLink 1000 plus 眼动仪的遥测功能记录受试的眼动情况，采样率使用 500Hz（双眼），空间分辨率为 0.01°，精度是 0.5°。我们从句子出现开始记录受试眼动情况直到句子结束。如前文所讨论的，实验任务不要求受试对实验材料进行任何主观反馈，从而最大限度地减轻实验任务负担和交际需求。受试只需要看图片听句子，遥测眼动仪记录他们处理听觉语言信息时在图片上的自发性眼动轨迹。

2.2.4　实验预期

如果受试在句子加工过程中可以快速利用动词语义信息来预测即将出现的宾语，他们就应该呈现出预测性眼动。表现在该实验任务中，和不具有选择偏向的动词相比，受试听到带有选择偏向的动词时会更多地注视目标区域（target area）。这个眼动效应应该出现在动词出现之后宾语出现之前。在给出的示例中，我们可以预测，当受试听到带有动词"吃"的句子（5）时要比他们听到带有动词"找"的句子（6）时更多地注视图 3 中的蛋糕区域。这个效应应该出现在他们听到动词之后宾语"蛋糕"出现之前。

2.3 研究结果

该研究中我们关注两个兴趣时间段：动词时间段（Verb）和宾语时间段（Object NP）。

2.3.1 动词时间段

我们首先把动词时间段的眼动数据分成8个时间窗口，每一个时间窗口500 ms。这8个窗口中有3个位于动词出现前，作为数据分析的基线（baseline）。8个窗口分别用−1.0、−0.5、0.0、0.5、1.0、1.5、2.0和2.5标注，表示的是从动词开始到该窗口结束的时间。我们把图片划分成4个兴趣区，每一个人或者物都独立成一个兴趣区。在示例图3中，4个兴趣区分别是康康的区域、自行车的区域、足球的区域和蛋糕的区域。我们采用的指标是眼睛在某个特定时间窗口（以毫秒计算）在某个特定兴趣区的注视点比率。比如，我们在某个特定时间窗口记录到了4个注视点，其中有1个注视点落在兴趣区，那么在这个特定时间窗口该兴趣区的注视点比率是1/4。该研究中的目标区域是和测试句中宾语对应的物体的区域，如图3中的蛋糕的区域。

为了更好地理解眼动数据，我们先用图的形式直观呈现数据（见图4），然后再进行详细的统计分析。图4给出的是5岁自闭症儿童、5岁典型儿童和4岁典型儿童在 bias 条件和 neutral 条件下在目标区域的平均注视点比率。我们发现三组受试表现出相似的眼动模式：他们听到带有选择偏向的动词（如"吃"）时比听到不带有选择偏向的动词（如"找"）时，更多地看向目标区域（如图3中的蛋糕区域）。这个眼动效应出现在动词出现之后宾语出现之前。

为了从统计上验证这些眼动模式，我们通过 empirical logit 公式把注视点比率进行 logit 转换（Barr, 2008：$probability = ln((y+0.5)/(n-y+0.5))$），在这个转换公式中，$y$ 指的是在某个特定时间窗口在某个特定兴趣区的注视点个数，n 指的是在该特定时间窗口总的注视点个数。我们用线性混合效应模型

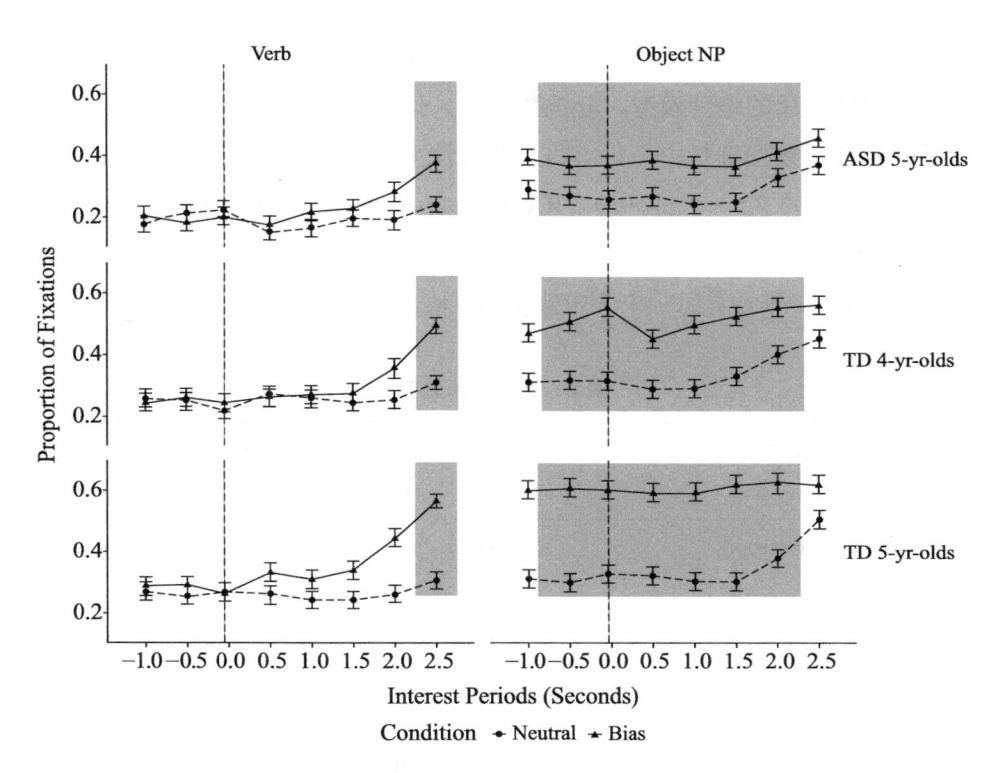

图 4：5 岁自闭症儿童、5 岁典型儿童和 4 岁典型儿童在 bias 条件和 neutral 条件下在目标区域的平均注视点比率

注："0.0"表示动词开始出现的时间（左）和宾语开始出现的时间（右）。灰色阴影区域表示每一个受试组在两个条件下具有显著差异的时间区域，以及 5 岁自闭症儿童和 5 岁典型儿童在相关时间区域内的组间差异。

（linear mixed-effects models，简称 LMM）对转换后的数据进行拟合。在完整的模型中，固定效应（fixed effects）包括时间窗口、测试句条件（bias vs. neutral）、受试组别（ASD 5-year-olds vs. TD 5-year-olds vs. TD 4-year-olds），以及它们之间的交互；随机效应（random effects）包括测试项和受试，它们的截距（intercept）和斜率（slope）可以在所有的固定效应之间进行调整（Baayen et al., 2008; Barr et al., 2013）。然后我们降低模型的复杂度，检验复杂度降低后的模型是否和完整模型一样可以解释相同的变异（Bates et al., 2015）。如果可以，我们就接受该简化了的模型。我们在表 2 的表注中提供了最终采用的统计模型。分析数据时，我们对时间窗口重新标准化，利用总平均值对数据进行中心化，防止共线性（collinearity）导致的相关问题。我们使用 R（v3.2.5）软件环境（R Development Core Team, 2017）中的 *lme4*（v1.1-12）包的 *lmer* 函数来拟合数据（Bates et al., 2013）。我们使用 Wald 检验（Wald test）来计算每一个固定效应的 *p* 值。

表 2：固定效应分析

Period	Fixed effects	Estimate	Std. Error	*t* value	*p* value	Sig
Verb	(Intercept)	−0.63	0.09	−6.87	0.00	***
	TD 4-yr-olds	0.01	0.12	0.09	0.93	
	TD 5-yr-olds	0.03	0.13	0.25	0.80	
	Bias	−0.04	0.12	−0.32	0.75	
	Bin	−0.04	0.03	−1.18	0.24	
	TD 4-yr-olds: Bias	−0.11	0.15	−0.70	0.48	
	TD 5-yr-olds: Bias	−0.06	0.15	−0.38	0.70	
	TD 4-yr-olds: Bin	0.02	0.04	0.51	0.61	
	TD 5-yr-olds: Bin	0.00	0.04	0.08	0.94	
	Bias: Bin	0.08	0.03	2.20	0.03	*
	TD 4-yr-olds: Bias: Bin	0.05	0.04	1.36	0.17	
	TD 5-yr-olds: Bias: Bin	0.10	0.04	2.51	0.01	*
Object NP	(Intercept)	−0.53	0.09	−5.84	0.00	***
	TD 4-yr-olds	−0.05	0.13	−0.40	0.69	
	TD 5-yr-olds	−0.07	0.13	−0.52	0.60	

续表

Period	Fixed effects	Estimate	Std. Error	t value	p value	Sig
Object NP	Bias	0.32	0.13	2.58	0.01	*
	Bin	0.03	0.03	1.12	0.26	
	TD 4-yr-olds: Bias	0.21	0.17	1.21	0.23	
	TD 5-yr-olds: Bias	0.50	0.18	2.77	0.01	**
	TD 4-yr-olds: Bin	0.04	0.03	1.06	0.29	
	TD 5-yr-olds: Bin	0.04	0.03	1.19	0.23	
	Bias: Bin	−0.00	0.04	−0.04	0.97	
	TD 4-yr-olds: Bias: Bin	−0.04	0.04	−1.00	0.32	
	TD 5-yr-olds: Bias: Bin	−0.05	0.04	−1.11	0.27	

最终统计模型：logit proportion ~ Group * Condition * Bin + (1 + Group + Condition + Bin | Subject) + (1 + Group + Condition + Bin | Trial)

* $p < .05$
** $p < .01$
***$p < .001$

最佳拟合统计模型的结果见表2。在该模型中，固定效应测试句条件（condition）有两个水平：neutral 和 bias，其中 neutral 作为比较的基线。固定效应受试组别（participants' group）有三个水平：5岁自闭症儿童（ASD 5-year-olds）、5岁典型儿童（TD 5-year-olds）和4岁典型儿童（TD 4-year-olds），其中5岁自闭症儿童组作为比较的基线。例如，表中的 bias 效应表示的是5岁自闭症儿童在 neutral 和 bias 条件下有显著差异；表中的 TD 4-yr-olds 效应表示的是5岁自闭症儿童和4岁典型儿童有显著差异。我们可以看到在动词出现之前的时间窗口内，眼动模式在 neutral 和 bias 条件下没有出现任何统计上的差异（$b = -0.04$, $t = -0.32$, $p = 0.75$）；眼动模式在三个受试群体之间也没出现显著差异（ASD 5-year-olds vs. TD 4-year-olds: $b = 0.01$, $t = 0.09$, $p = 0.93$; ASD 5-year-olds vs. TD 5-year-olds: $b = 0.03$, $t = 0.25$, $p = 0.80$）。三个受试组在动词出现前所呈现的眼动模式为之后出现的由动词语义属性所引发的眼动效应提供了很好的比较基线，可以充分证明在动词出现后的时间窗口内所观察到的眼动效应都应该是由动词的 neutral 和 bias 的属性所导致的。我们接着分析动词出现后的眼睛注视模式。统计发现，在动词出现后，随着时间的进程，5 岁自闭症儿童在 bias 条件下比在 neutral 条件下更多地看向目标区域（$b = 0.08$, $t = 2.20$, $p = 0.03$）。5 岁自闭症儿童和 4 岁典型儿童的眼睛注视模式没有显著差异（$b = 0.05$, $t = 1.36$, $p = 0.17$）。但是，5 岁自闭症儿童和 5 岁典型儿童的眼动注视模式呈现出了显著的差异：5 岁典型儿童在 neutral 和 bias 条件下呈现出的差异要显著大于 5 岁自闭症儿童在两个条件下呈现出的差异（$b = 0.10$, $t = 2.51$, $p = 0.01$）。为了进一步考察所观察到的眼动效应出现的具体时间，我们使用 LMM 模型对每一个时间窗口进行分析。结果发现 5 岁自闭症儿童在 neutral 和 bias 两个条件下的差异是在动词出现后的 2 秒开始变得显著的，这个时间点落在动词区域的最后一个时间窗口（$b = 0.49$, $t = 3.09$, $p = 0.00$）。5 岁自闭症儿童和 5 岁典型儿童的差异也在动词出现后的 2 秒开始变得显著。

2.3.2 宾语时间段

我们对宾语时间段的眼动分析也采用同样的统计方法。统计结果显示，在动词时间段所观测到的效应延续到了宾语时间段（见表 2 下半部分）。在该时间段，5 岁自闭症儿童在 bias 条件下比在 neutral 条件下更多地看向目标区域（$b = 0.32$, $t = 2.58$, $p = 0.01$）。在动词时间段观察到的 5 岁自闭症儿童和 5 岁典型儿童的差异也延续到了该时间段（$b = 0.50$, $t = 2.77$, $p = 0.01$）。为了考察这些效应的持续时长，我们使用 LMM 模型对每一个时间窗口进行分析，发现 5 岁自闭症儿童在两个条件下所呈现出的差异以及他们和 5 岁典型儿童之间的差异都一直持续到宾语出现后的 1.5 秒。

统计分析的结果验证了图 4 中所呈现的受试的眼动模式。5 岁自闭症儿童、5 岁典型儿童和 4 岁典型儿童呈现出相似的眼动模式：他们听到带有选择偏向的动词（如"吃"）时比听到不带有选择偏向的动词（如"找"）时，更多地看向目标区域（如图 3 中的蛋糕区域）。三组受试的眼动模式在时间进程上没有差异，该眼动效应都出现在动词出现之后宾语出现之前。该研究结果表明，5 岁自闭症儿童和典型儿童一样可以利用动词语义信息来预测即将出现的句中宾语。

当然，我们也发现 5 岁自闭症儿童组和年龄匹配的典型儿童组之间存在显著差异：自闭症儿童组在目标区域的总的注视时间要显著低于年龄匹配的典型儿童组，但他们和年龄较小的 4 岁典型儿童组不存在显著差异。需要注意的是，5 岁自闭症儿童组和 4 岁典型儿童组在平均句长和言语智商上是匹配的（见表 1）。我们会在讨论部分详细阐释研究结果的意义。

2.4 讨论

本研究对比考察学龄前汉语普通话典型儿童和自闭症儿童在句子加工过程中是否可以使用动词语义信息来预测即将出现的宾语信息，从而呈现预测性眼动。研究结果显示，5 岁自闭症儿童和典型儿童一样，在实时句子加工过程中呈现出预测性眼动。他们与 5 岁典型儿童和 4 岁典型儿童一样，在听到带有选择偏向的动词时比在听到不带有选择偏向的动词时更多地看向目标区域。该眼动效应出现在动词出现之后宾语出现之前。自闭症儿童所呈现的眼动模式充分证明，他们可以和典型儿童一样快速有效地利用动词的选择性信息预测即将出现的语言信息。本研究首次考察并确认学龄前汉语普通话自闭症儿童的预测性句子加工能力并未受损。

研究结果对我们了解自闭症儿童的句子加工机制具有重要意义。预测性眼动经常被看作人类句子加工装置具备渐进式加工属性的一个重要指标。前人研究发现，典型儿童在加工句子过程中可以使用语言和非语言的信息渐进式地理解句子（Andreu et al., 2013; Choi & Trueswell, 2010; Fernald et al., 2008; Huang et al., 2013; Lew-Williams & Fernald, 2007; Nation et al., 2003; Omaki, 2010; Sekerina & Trueswell, 2012; Trueswell et al., 1999; Van Heugten & Shi, 2009; Zhou et al., 2014; Zhou & Ma, 2018; Zhou et al., 2021）。我们的研究发现，学龄前自闭症儿童和典型儿童一样，在实时句子加工过程中可以有效利用动词信息渐进式地理解句子语义，从而呈现出预测性眼动。研究结果表明，自闭症儿童的句子加工装置也同样具备渐进式加工的属性。

研究结果也让我们重新思考前人关于自闭症儿童语言理解能力的一些结论。前人研究似乎表明自闭症儿童在语言理解方面有严重的缺陷，但是正如 Kasari et al.（2013）和 Plesa-Skwerer et al.（2016）所指出的，以往研究在考察自闭症儿童的语言理解能力时多采用离线实验任务，如标准化测试和父母的报告。此类离线任务往往对互动和反馈有很高的要求，而这样的互动和反馈对自闭症儿童来说是尤其困难的。自闭症儿童自身的行为和症状特征经常会干扰他们完成相关实验任务，从而掩盖他们真实的语言理解能力。换言之，以往研究中观察到的自闭症儿童所呈现出来的严重的语言理解困难可能更多地和他们缺乏社会性响应相关，而非语言加工上的缺失（Rutter et al., 1992; Tager-Flusberg, 1999b）。我们的研究在实验方法上克服了前人研究中存在的问题，通过使用遥测眼动仪记录自闭症儿童处理相关听觉和视觉信息时的自发性眼动轨迹，不要求他们对实验材料进行任何主观反馈，最大限度地减轻了实验任务的负担和交际反馈的需求。当实验任务对社会性响应的需求最小化时，我们发现自闭症儿童在实时句子加工过程中可以快速有效地利用已有的语言信息预测即将出现的语言信息。我们的研究进一步支持了 Tager-Flusberg 等学者提出的假设：自闭症儿童表面上看似严重受损的语言能力实际上是因为以往研究所采用的实验任务对他们有较高的社会性响应需求而严重干扰他们完成相应的任务。

尽管 5 岁自闭症儿童与 4 岁和 5 岁典型儿童一样，呈现出了预测性眼动，且在时间进程上没有显著差异，但是 5 岁自闭症儿童与 5 岁典型儿童在目标区域的总的注视时间呈现出显著差异：自闭症儿童组的注视时间要显著低于典型儿童组。两个组之间的差异很有可能是由他们对视觉注意力（visual attention）的认知控制能力的差异导致的。以往研究多发现自闭症儿童对视觉注意力的认知控制能力存在缺陷（参见 DiCriscio et al., 2016; Frischen et al., 2007; Happé et al., 2006; Sasson et al., 2008）。这也就解释了为什么与同年龄的典型儿童相比，他们在目标区域的总的注视时间较少。当然，我们今后需要进一步研究自闭症儿童的眼动模式究竟如何跟他们对视觉注意力的认知控制能力相关联。我们提出自闭症儿童与同年龄的典型儿童的差异并非是由他们语言能力的差异所导致的，而是由他们的非语言认知能力（例如，认知控制能力和视觉注意力等）的差异所导致的。就两个群体的语言加工能力而言，他们之间并不存在质的差异。我们的研究结果也支持该研究结论：当比较5岁自闭症儿童和与其在平均句长、言语智商上匹配的4岁典型儿童时，我们发现两组在眼动模式上没有呈现显著差异。

总之，我们的研究表明，自闭症儿童和典型儿童的语言加工能力呈现发展的连续性（developmental continuity）；与典型儿童相比，自闭症儿童的语言加工能力并没有存在显著的缺失或障碍。我们发现使用动词语义信息渐进式加工句子的能力在自闭症儿童中保存完好。为了更好地了解自闭症儿童的句子加工装置的属性，我们既需要考察他们受损的部分，也需要考察他们保存完好的部分。前人研究多关注他们受损的部分，我们的研究朝着考察他们保存完好的部分的方向迈出了非常重要的一步。只有真正弄清楚语言加工中哪些部分是受损的，哪些是保存完好的，我们才能够更好地建构自闭症儿童语言加工装置的模型。此外，确认保存完好的部分之后，我们可以探索是否能用保存完好的部分来补偿受损的部分。这对制订自闭症儿童的语言康复训练计划会有非常重要的意义。

本研究也再一次证明眼动追踪的视觉-情境范式，尤其是融合我们根据学龄前典型儿童和自闭症儿童的特点设计的实验流程和步骤，可以有效检测自闭症儿童的在线语言加工能力。目前，有不少研究者开始探索使用该眼动范式考察自闭症群体语言加工的眼动模式（Bavin et al., 2016a, 2016b; Brock et al., 2008; Chita-Tegmark et al., 2015; Diehl et al., 2015; Naigles et al., 2011; Naigles & Fein, 2017; Naigles & Tovar, 2012; Norbury, 2017; Plesa-Skwerer et al., 2016; Swensen et al., 2007; Tovar et al., 2015; Venker et al. 2013）。考察自闭症儿童语言加工的眼动模式，尤其是学龄前自闭症儿童的相关眼动模式，有助于我们建立早期筛查的指标。实际上不少研究者已经开始探索利用该群体的独特眼动模式，建立自闭症的早期预警指标（risk markers）（Falck-Ytter et al., 2013; Gliga et al., 2015; Guillon et al., 2014; Jones & Klin, 2013; Kaldy et al., 2011, 2016）。

当然，我们也需要指出，该研究只考察了高功能自闭症儿童（受试的言语智商分数高于90），今后的研究需要探索该实验范式是否可以被有效运用到相对低功能的群体。和离线任务相比，眼动追踪的视觉-情境范式在考察自闭症儿童语言能力方面体现出了其优势和潜力，通过该范式获得的数据可以帮助我们区分以往离线任务所观察到的表面看似语言的问题是否真正是由他们语言能力的缺陷所导致的，还是由其他非语言的认知和行为特征所导致的。

3. 儿童对形态句法标记的使用

3.1 研究问题

在第2章，我们考察了学龄前典型儿童和自闭症儿童在句子加工过程中对动词语义信息的使用。本章我们考察儿童在句子加工过程中对抽象语义信息的使用。具体来说，是考察学龄前典型儿童和自闭症儿童是否能够利用"把"和"被"这两个形态句法标记所编码的参与者的语义角色信息，迅速有效地理解句子的语义。

在普通话中，"把"和"被"通常被用来标记事件参与者的语义角色。以（8a）和（8b）为例。在（8a）中，"把"出现在第一个名词"老虎"和第二个名词"狮子"之间，表明第一个名词"老虎"是"抱"这个事件的施事，第二个名词"狮子"是该事件的受事。但如果将句中的"把"换成"被"，如（8b）所示，原来这两个名词的语义角色就会发生转换，即第一个名词"老虎"成了受事，第二个名词"狮子"成了施事。我们用"把"字句和"被"字句来指称这两类句子。这两类句子的句子成分（即语言结构）与事件参与者的语义角色（即事件结构）的对应关系如（9）所示。

（8）a. 老虎**把**狮子轻轻地抱了起来。
　　　b. 老虎**被**狮子轻轻地抱了起来。

（9）a. [名词短语]$_{施事}$ + 把 + [名词短语]$_{受事}$
　　　b. [名词短语]$_{受事}$ + 被 + [名词短语]$_{施事}$

普通话允许主语脱落，所以我们可以经常省略（8a）和（8b）这两个句子的主语，产生（10a）和（10b）这样的结构。在这两个结构中，"把"和"被"同样可以和事件参与者的语义角色建立对应关系，如（11）所示。"把"之后的名词是事件的受事，"把"之前省略的名词是施事。同样，如果将"把"换成"被"，两个名词的语义角色就会发生转换。

（10）a. 把狮子轻轻地抱了起来。
　　　b. 被狮子轻轻地抱了起来。
（11）a. 把 +［名词短语］$_{受事}$
　　　b. 被 +［名词短语］$_{施事}$

在本研究中，我们利用（10a）和（10b）这样的最小对来考察学龄前典型儿童和自闭症儿童在实时句子加工过程中是否能够快速有效地利用"把"和"被"这两个形态句法标记所编码的参与者的语义角色信息。

3.2　研究方法

3.2.1　受试信息

30 名 5 岁自闭症儿童（图表中简称为 ASD）报名参加该实验，他们的诊断由医院通过 DSM-IV-TR（APA, 2000）和 DSM-5（APA, 2013）实现，并由研究团队通过 ADOS（Lord et al., 2000）进行独立确认。受试招募自恩启自闭症社区（手机平台）。为了尽可能地减少受试的异质性，该研究中只包含那些满足 ADOS 规定的自闭症诊断临床临界值的儿童。30 名儿童中有 3 名没有满足该临界值，没有进入正式实验；其他 27 名都参加了正式实验。在参加正式实验的 27 名自闭症儿童中，有 2 名在实验过程中由于有情绪激动和焦虑的表现，中途退出，没能完成全部实验内容。其余的 25 名儿童（年龄范围 5;2—5;9，平均年龄 5;6）顺利完成全部实验，他们的数据进入最后的统计分析。

同时，我们招募了 34 名 5 岁典型儿童（年龄范围 5;1—5;8，平均年龄 5;6）和 33 名 3 岁典型儿童（年龄范围 3;3—3;9，平均年龄 3;6）。典型儿童受试招募自北京语言大学附属幼儿园。该研究由清华大学医学伦理委员会批准（研究编号 20170018）。

和第 2 章的研究一样，我们测量每一位受试的平均句长和言语智商。为了计算受试的平均句长，我们会记录每一位受试在与父母互动过程中说的 100 句话，然后用这 100 句话中包含的词的个数的总和除以 100，得出平均句长。受试言语智商的测量使用《中国-韦氏幼儿智力量表手册》（适用于 4 岁到 6 岁半的儿童）（龚耀先、戴晓阳，1992）。测量结果显示，所有受试（包括参加实验的自闭症儿童）的言语智商分数都在 90 以上，表明我们测试的自闭症群体是在整个谱系中相对高功能的。表 3 给出的是每一组受试的平均言语智商和平均句长。5 岁自闭症儿童组的言语智商和平均句长水平要显著低于 5 岁典型儿童组（MLU: $t(57) = 11.16$, $p < .001$, Cohen's $d = 0.60$; verbal IQ: $t(57) = 3.68$, $p < .01$, Cohen's $d = 0.19$）。

表 3：每一组受试的言语智商和平均句长

	ASD 5 岁	TD 4 岁	TD 5 岁
言语智商			
平均值（标准差）	101.19（12.47）	98.42（13.16）	103.41（12.68）
范围	92—133	92—124	94—138
平均句长			
平均值（标准差）	5.88（1.33）	4.88（1.35）	6.59（1.30）
范围	5.50—6.00	4.55—5.00	6.50—7.05

3.2.2　实验材料和设计

我们一共设计了 12 个测试项，每一个测试项由一个视觉图像刺激和两个测试句组成，一个测试句使用形态句法标记"把"，另一个使用形态句法标记"被"。每个视觉图像刺激中包含两幅图片，这两幅图片描述的是相同的事件和事件参与者，但不同的是参与者的语义角色在两幅图中进行了互换，即一张图片对应"把"字句（下文中称作"把"目标事件，BA-target event），另一张图片对应"被"字句（下文中称作"被"目标事件，BEI-target event），见图5。

为了控制受试对某个特定物体的注视偏好，我们对视觉图像刺激中"把"目标事件和"被"目标事件出现的位置进行了平衡：在一半刺激材料中"把"目标事件出现在图片上方，"被"目标事件出现在图片下方；而在另一半刺激材料中"被"目标事件在上，"把"目标事件在下。所有的测试句都具有相同的结构：形态句法标记（morphological marker）+ 名词短语（NP）+ 副词（Adverb）+ 动词短语（VP）。测试句中的形态句法标记是"把"或者"被"。名词短语是汉语中的双音节词，是动物的名称。所有的测试句都使用相同的副词"轻轻地"。动词短语是汉语中的四音节词。为了确保参加实验的儿童受试熟悉我们在测试句中使用的名词和动词，我们让北京语言大学附属幼儿园的老师对这些名词和动词进行了评估。老师们的评估结果高度一致，认为该幼儿园的儿童是熟悉我们所使用的动词和名词的。此外，我们还控制了生命性效应（animacy effect）。Corrigan（1988）发现，当一个事件涉及有生命性和无生命性的对立时，人们更倾向于给有生命性的名词短语赋予施事的语义角色，而给无生命性的名词短语赋予受事的语义角色。为了避免生命性所导致的解读偏好，视觉图像刺激材料中所描述的事件的施事和受事都使用有生命性的名词短语。具体来说，事件的参与者是两种动物，并且它们充当施事和受事的可能性是一样的。

我们用一个视觉图像刺激材料示例（见图5）来说明。图5中包含两幅图：上方的图描绘的是一个"抱"的事件，其中老虎是施事，狮子是受事；下方的图描绘的也是一个"抱"的事件，但是该事件中的两个参与者的语义角色与上方的图相反，即老虎是受事，狮子是施事。与该视觉图像刺激相匹

图 5：实验中的视觉图像刺激材料示例（引自 Zhou & Ma, 2018）

配的两个测试句是"把"字句（10a）和"被"字句（10b）。除形态句法标记不同之外，（10a）和（10b）的其他成分都完全相同。

我们把这 12 个测试项分成两组实验刺激，每一组实验刺激都有 12 个视觉图像刺激和对应的 12 个测试句，包含 6 个"把"字句，6 个"被"字句，且对应同一个视觉图像刺激的两个测试句不出现在同一组中。除了测试项之外，每一组实验刺激还包含 12 个填充项，两组实验刺激使用相同的填充项。和测试项一样，每一个填充项也都由一个视觉图像刺激和一个句子组成。在一半填充项中，测试句与视觉图像刺激中的上图相匹配；在另一半填充项中，测试句与视觉图像刺激中的下图相匹配。填充项中的视觉图像刺激和测试项相似。填充项中的句子都具有相同结构，都是省略了主语名词短语的简单句，如示例（12）。与该填充项对应的图像刺激材料见图 6。

（12）踢了小羊。

每一组实验刺激材料中的 12 个测试项和 12 个填充项都随机排列。受试

图 6：实验中的填充项视觉图像刺激示例（引自 Zhou & Ma, 2018）

被随机分配到两组实验刺激中的一组：参加第一组的有 12 名 5 岁的自闭症儿童、17 名 5 岁的典型儿童和 17 名 3 岁的典型儿童；参加第二组的有 13 名 5 岁的自闭症儿童、17 名 5 岁的典型儿童和 16 名 3 岁的典型儿童。附录 B 给出了所有的测试结构。

3.2.3 测试句的录制

测试句由一名说普通话的女性录制。录制时要求发音人用儿向语的方式朗读这些测试句。录音在录音棚中完成。我们给每一个视觉图像刺激录制了两个测试句，一个"把"字句和一个"被"字句。每个测试句都包含一个形态句法标记、一个名词短语、一个副词和一个动词短语。为了确保录制的这两类测试句的长度之间没有显著差异，我们统计了这两类句子中每个成分的时长，并对它们进行了配对样本 t 检验，结果见表 4。表 4 显示，两类测试句之间相对应的各个成分的时长没有统计上的差异，说明这两类测试句的长度基本一致。"把"字句的平均长度为 5084 ms，"被"字句的平均长度为 5090 ms。

表 4：测试句每个成分的时长分析（括号中为标准差）

因变量	"把"字结构的平均时长	"被"字结构的平均时长	分析
形态句法标记	1043ms（13）	1050ms（12）	$t(22) = 0.66, p = 0.52$
名词短语	1410ms（22）	1407ms（19）	$t(22) = 0.80, p = 0.43$
副词	1499ms（16）	1502ms（19）	$t(22) = 0.76, p = 0.46$
动词短语	1132ms（24）	1131ms（26）	$t(22) = 0.82, p = 0.41$

3.2.4 实验程序

实验采用眼动追踪的视觉–情境范式（见 1.3 节对实验范式和操作的详细介绍）。受试在看电脑屏幕上呈现的图片（如图 5）的同时听到一个测试句［如（10a）或（10b）］。受试眼睛和电脑屏幕之间的距离一般是 60cm。测试句一般在视觉图像刺激呈现后的 500ms 出现，我们用 EyeLink 1000 plus 眼动仪的遥测功能记录受试的眼动情况，采样率使用 500Hz（双眼），空间分辨率为 0.01°，精度是 0.5°。我们从句子出现开始记录受试眼动情况直到句子结束。如前文所讨论的，实验任务不要求受试对实验材料进行任何主观反馈，从而最大限度地减轻实验任务负担和交际需求。受试只需要看图片听句子，遥测眼动仪记录他们处理听觉语言信息时在图片上的自发性眼动轨迹。

3.2.5 数据处理

我们把视觉图像刺激划分成两个兴趣区："把"目标事件和"被"目标事件，分别对应"把"字句和"被"字句。以图 7 和句子（10）为例。"把"字句（10a）对应的是图 7 上方的"把"目标事件，而"被"字句（10b）对应的是图 7 下方的"被"目标事件。同样，我们采用的指标是眼睛在某个特定时间窗口（以毫秒计算）在某个特定兴趣区的注视点比率。对于每一个测试

BA-Target Event

BEI-Target Event

图 7：兴趣区示例（引自 Zhou & Ma, 2018）

项，我们计算从形态标记开始出现后的 5200 ms 内受试在两个兴趣区域的注视点比率，然后把整个时间段分成 26 个时间窗口，每一个时间窗口的时长为 200 ms。

3.3 研究结果

为了更好地理解眼动数据，我们先用图的形式直观呈现数据（见图 8—图 10），然后再进行详细的统计分析。

图 8、图 9 和图 10 分别呈现的是 3 岁典型儿童、5 岁典型儿童和 5 岁自闭症儿童在两种条件下对"把"目标事件（上图）和"被"目标事件（下图）的平均注视点比率。从图中我们可以看出这三个受试组在两种条件下在两个兴趣区呈现出了相似的眼动模式。在"把"目标事件区域，三个受试组在听到"把"字句后比他们听到"被"字句后更多地看向该区域。3 岁典型儿童在听到"把"之后开始更多地看向"把"目标事件，而在听到"被"之后对

"把"目标事件的注视开始减少，该趋势发生在1800—2000ms的时间窗口内（见图8）。5岁典型儿童在听到"把"之后对"把"目标事件的注视开始增多，而在听到"被"之后对"把"目标事件的注视开始减少，该趋势发生在1400—1600ms的时间窗口内（见图9）。5岁自闭症儿童在听到"把"之后更多地看向了"把"目标事件，在听到"被"之后对"把"目标事件的注视开始减少，该趋势发生在1800—2000ms的时间窗口内（见图10）。在"被"目标事件区域，三个受试组呈现出了与在"把"目标事件区域相反的注视模式。在听到"被"字句后比听到"把"字句后更多地看向该区域。三个受试组在两种条件下在两个兴趣区的眼动模式呈现出差异的时间都是在形态标记出现后的名词短语窗口内。

为了从统计上验证这些眼动模式，我们通过empirical logit公式把注视点比率进行logit转换（Barr, 2008：$probability = ln((y+0.5)/(n-y+0.5))$），在这个转换公式中，$y$指的是在某个特定时间窗口在某个特定兴趣区的注视点个数，n指的是在该特定时间窗口总的注视点个数。我们用线性混合效应模型对转换后的数据进行拟合。我们使用R（v3.0.0）软件环境（R Development Core Team, 2013）中的lme4包的lmer函数来拟合数据（Bates et al., 2013）。我们使用Wald检验来计算每一个固定效应的p值。我们分别拟合了三组受试的数据，关注他们在形态句法标记出现后的5200ms时间窗口内对"把"目标事件和"被"目标事件的注视点比率。对于每个受试组，我们又分别对"把"目标事件和"被"目标事件的数据进行了拟合。在我们的模型中，固定效应包括形态句法标记（"把"vs."被"）和时间窗口；随机效应包括测试项和受试，它们的截距和斜率可以在所有的固定效应之间进行调整（Baayen et al., 2008; Barr et al., 2013）。然后我们降低模型的复杂度，检验复杂度降低后的模型是否和完整模型一样可以解释相同的变异（Bates et al., 2015）。如果可以，我们就接受该简化了的模型。我们在表5、表6、表7的表注中提供了最终采用的统计模型。

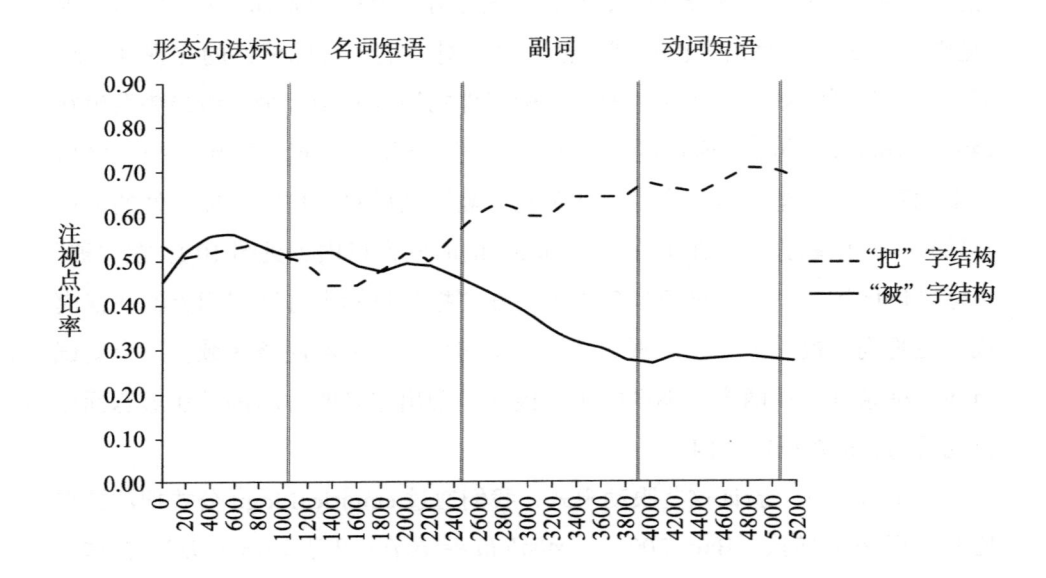

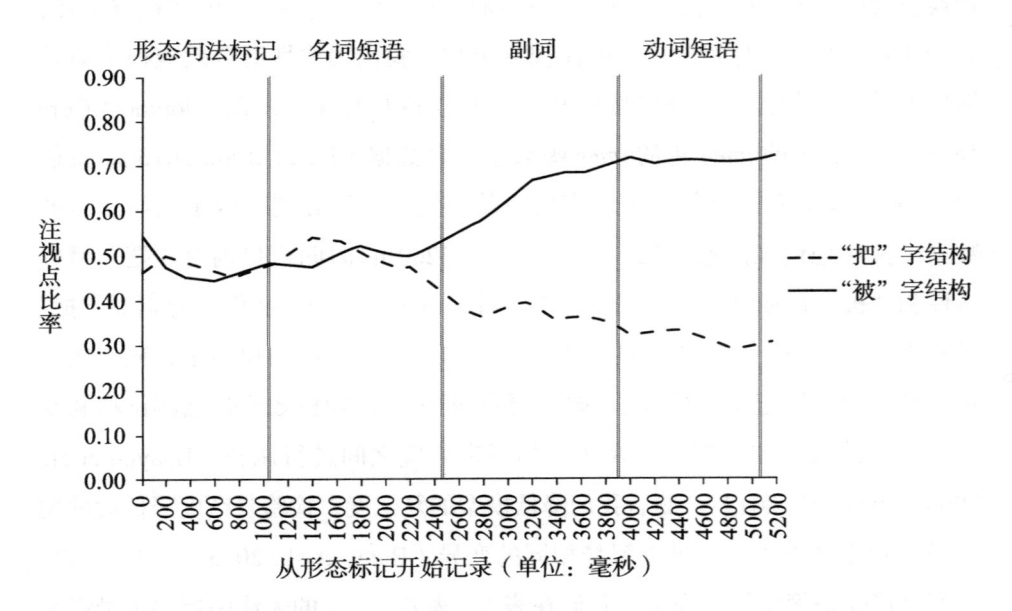

图8：3岁典型儿童在两种条件下在形态句法标记开始之后对"把"目标事件（上图）和"被"目标事件（下图）的平均注视点比率

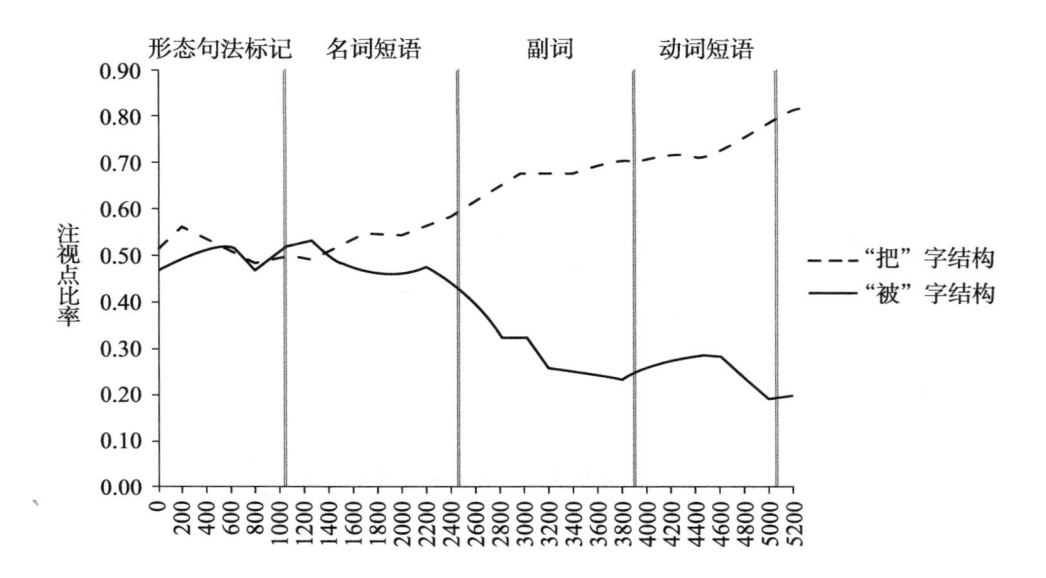

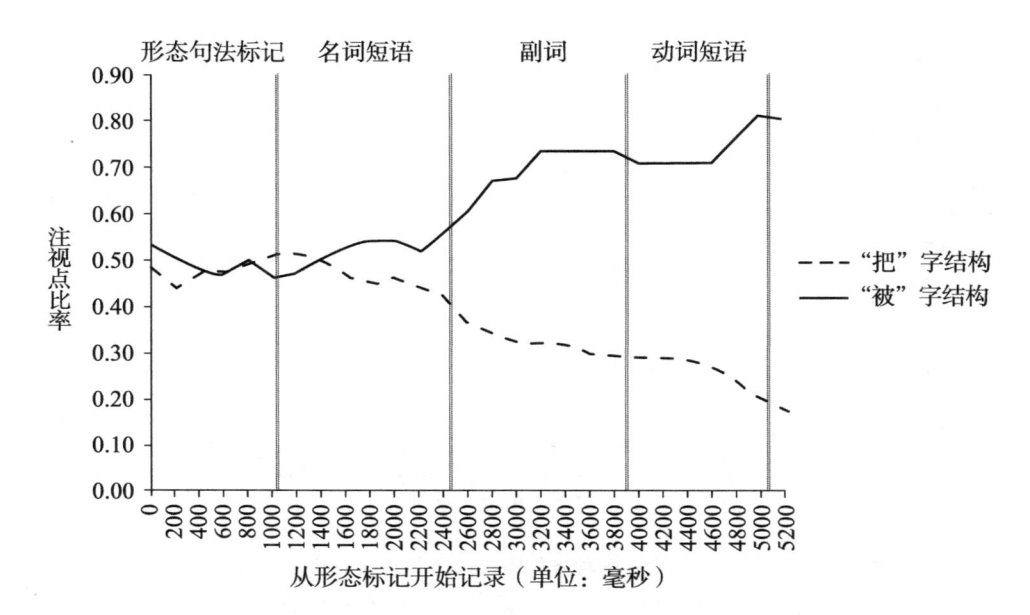

图9: 5岁典型儿童在两种条件下在形态句法标记开始之后对"把"目标事件(上图)和"被"目标事件(下图)的平均注视点比率

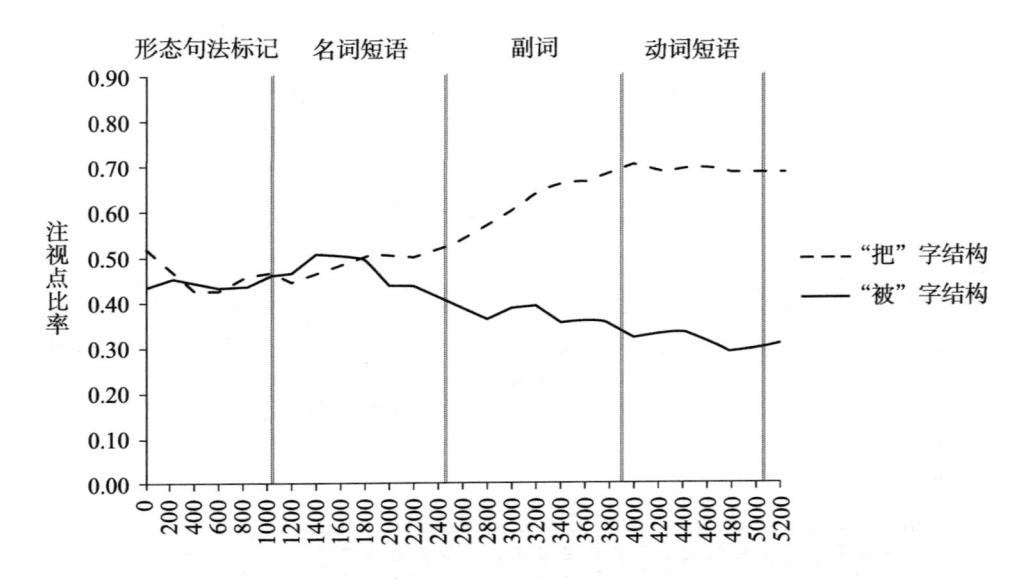

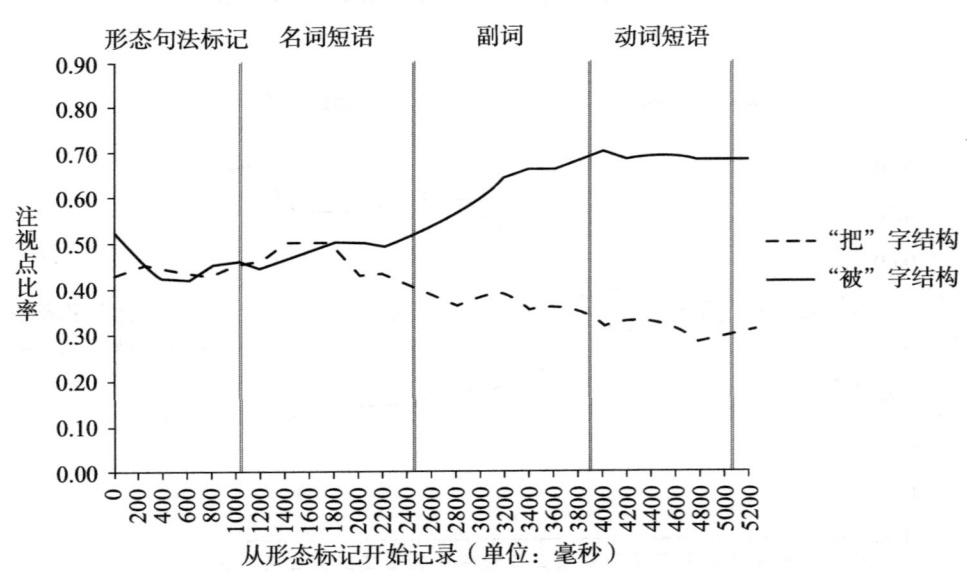

图 10：5 岁自闭症儿童在两种条件下在形态句法标记开始之后对"把"目标事件（上图）和"被"目标事件（下图）的平均注视点比率

表 5：5 岁典型儿童组的固定效应分析

Category	Fixed effects	Estimate	SE	t Value
BA-target even	(Intercept)	−0.21	0.08	−4.23**
	Marker (BA)	0.55	0.09	6.79***
	Time	−0.35	0.07	−9.78***
	Marker (BA) × Time	0.32	0.04	11.26***
BEI-target event	(Intercept)	0.24	0.09	4.27**
	Marker (BA)	−0.61	0.08	−6.93***
	Time	0.30	0.07	8.96***
	Marker (BA) × Time	−0.22	0.07	−10.16***

R 中的公式：fixation ~ marker*time + (1 + marker + time | participant) + (1 + marker + time | item)

** $p < .01$, *** $p < .001$

表 5 给出的是 5 岁典型儿童的统计结果。在形态句法标记出现之后，在"把"目标事件区域出现的标记类型（= Marker (BA)）的主效应（正系数）反映了 5 岁典型儿童在听到"把"后比听到"被"后更多地看向了该区域。形态句法标记类型和时间之间的交互作用（= Marker (BA) × Time）（正系数）表明，在听到"把"之后，5 岁典型儿童看向"把"目标事件的概率随着时间不断增加。他们在"被"目标事件区域呈现的是相反的眼睛注视模式。在该区域，标记类型主效应的负系数表明，5 岁典型儿童在听到"被"后比听到"把"后更多地看向了该区域。形态句法标记类型和时间之间的交互作用的负系数表明，在听到标记"把"之后，5 岁典型儿童看向"被"目标事件的概率随着时间不断降低。

表6：3 岁典型儿童组的固定效应分析

Category	Fixed effects	Estimate	SE	t Value
BA-target event	(Intercept)	−0.28	0.10	−4.57***
	Marker (BA)	0.53	0.12	5.29***
	Time	−0.04	0.02	−0.78
	Marker (BA) × Time	0.17	0.04	3.44**
BEI-target event	(Intercept)	0.21	0.10	3.35**
	Marker (BA)	−0.57	0.12	−5.71***
	Time	0.03	0.02	0.51
	Marker (BA) × Time	−0.16	0.04	−3.23**

R 中的公式：fixation ~ marker*time + (1 + marker + time | participant) + (1 + marker + time | item)

** $p < .01$，*** $p < .001$

3 岁典型儿童呈现的眼睛注视模式和 5 岁典型儿童相似。表6 总结了 3 岁典型儿童的统计结果。在形态句法标记出现之后，3 岁典型儿童呈现出标记类型的主效应。这个主效应的正系数表明，3 岁典型儿童在听到"把"后比听到"被"后更多地看向了"把"目标事件。此外，3 岁典型儿童也呈现出了标记类型与时间之间的交互作用。交互作用的正系数表明，他们在听到"把"之后，看向"把"目标事件的概率随着时间不断增加。和 5 岁典型儿童一样，3 岁典型儿童在"被"目标事件区域呈现出了相反的眼睛注视模式。标记类型主效应的负系数表明，他们在听到标记"被"后比听到标记"把"后更多地看向了"被"目标事件。标记类型与时间之间的交互作用的负系数表明，他们在听到"把"后，看向"被"目标事件的概率随着时间不断降低。

表 7：5 岁自闭症儿童组的固定效应分析

Category	Fixed effects	Estimate	SE	t Value
BA-target event	(Intercept)	−0.33	0.11	−4.78***
	Marker (BA)	0.50	0.10	5.03***
	Time	−0.06	0.04	−0.84
	Marker (BA) × Time	0.15	0.03	3.23**
BEI-target event	(Intercept)	0.23	0.13	3.67**
	Marker (BA)	−0.54	0.10	−5.33***
	Time	0.04	0.03	0.55
	Marker (BA) × Time	−0.16	0.05	−3.17**

R 中的公式：fixation ~ marker*time + (1 + marker + time | participant) + (1 + marker + time | item)
** $p < .01$, *** $p < .001$

表 7 给出的是 5 岁自闭症儿童的统计结果。他们的眼动模式和典型儿童组相似。同样，在形态句法标记出现之后，在"把"目标事件区域，他们呈现出了标记类型的主效应。该效应的正系数表明，5 岁自闭症儿童在听到"把"后比听到"被"后更多地看向了该区域。标记类型和时间之间的交互作用（正系数）表明，他们在听到"把"后，看向"把"目标事件的概率随着时间不断增加。同样，5 岁自闭症儿童在"被"目标事件区域呈现出了和在"把"目标事件区域相反的眼睛注视模式。标记类型主效应的负系数表明，他们在听到标记"被"后比听到标记"把"后更多地看向了"被"目标事件。标记类型和时间之间的交互作用的负系数表明，他们在听到"把"后，看向"被"目标事件的概率随着时间不断降低。

统计分析支持了图 8—图 10 中显示的眼睛注视模式。在两种条件下，5 岁典型儿童、3 岁典型儿童和 5 岁自闭症儿童在两个兴趣区域（即"把"目标事件和"被"目标事件）都展现出了相似的眼睛注视模式。在听到形态句法标记"把"后比听到"被"后对"把"目标事件区域的注视点比率更高。在"被"目标事件区域，他们都呈现出了相反的眼睛注视模式。这个差异出现在名词短语开始之后副词开始之前。该结果表明，5岁典型儿童、3岁典型儿童和5岁自闭症儿童都可以在实时句子加工过程中迅速有效地利用"把"和"被"这两个形态句法标记所编码的参与者的语义角色信息，从而正确理解句子的语义。学龄前典型儿童和自闭症儿童都具备该能力。我们在第2章介绍了学龄前典型儿童和自闭症儿童在句子加工过程中都可以有效使用动词语义信息来预测即将出现的宾语信息，从而呈现出预测性眼动。在本章的研究中，我们发现学龄前典型儿童和自闭症儿童在句子加工过程中也可以有效利用编码在形态句法标记中的更为抽象的语义信息。我们把学龄前儿童句子加工能力的研究范畴从具体的动词语义信息扩展到了更为抽象的形态句法标记的语义信息。

但是，我们也发现5岁自闭症儿童在使用具体的动词信息和抽象的形态句法信息时还是表现出了差异。第2章，我们发现，5岁自闭症儿童和5岁典型儿童均在加工动词信息时表现出了预测性眼动，且两个组呈现的预测性眼动效应在时间进程上没有显著差异。但是本章我们发现，5岁自闭症儿童和5岁典型儿童在加工形态句法信息时在时间进程上表现出了显著差异。5岁典型儿童的效应出现在1400—1600 ms的时间窗口内，而5岁自闭症儿童的效应出现在1800—2000 ms的时间窗口内。与典型儿童相比，自闭症儿童呈现出一个400 ms的效应迟滞。我们从统计上验证了该差异，具体分析见表8（包括三个年龄组的对比）。

表8：融合三组数据的统计模型的固定效应分析

Category	Fixed effects	Estimate	SE	t Value
BA-target event	(Intercept)	−0.14	0.05	−4.97**
	Marker (BA)	0.65	0.04	8.28***

续表

Category	Fixed effects	Estimate	SE	t Value
BA-target event	Time	−0.13	0.03	−6.77***
	ASD 5-yr-olds (TD 5-yr-olds)	0.05	0.03	1.21
	TD 3-yr-olds (TD 5-yr-olds)	0.04	0.03	2.37*
	Marker (BA) × Time	0.21	0.02	10.44***
BEI-target event	(Intercept)	0.14	0.05	4.63**
	Marker (BA)	−0.62	0.04	−8.66***
	Time	0.10	0.04	6.35***
	ASD 5-yr-olds (TD 5-yr-olds)	−0.05	0.03	−1.23
	TD 3-yr-olds (TD 5-yr-olds)	−0.04	0.03	−2.61*
	Marker (BA) × Time	−0.21	0.03	−10.51***

R 中的公式：fixation ~ marker*time*age + (1 + marker + time | participant) + (1 + marker + age + time | item)

* $p < .05$, ** $p < .01$, *** $p < .001$

3.4 讨论

在第 2 章，我们考察了学龄前典型儿童和自闭症儿童在句子加工过程中对动词信息的使用。在本章，我们呈现了一项考察儿童在句子加工过程中使用抽象语义信息的研究。具体来说，我们测试了学龄前典型儿童和自闭症儿童能否在实时句子加工过程中有效利用"把"和"被"这两个形态句法标记所编码的参与者的语义角色信息。运用眼动追踪的视觉-情境范式，我们发现，3 岁典型儿童、5 岁典型儿童和 5 岁自闭症儿童呈现出了相似的眼动模式，且该眼动模式反映了他们在实时句子加工过程中能够有效利用"把"和"被"这两个形态句法标记所编码的抽象语义信息。

三组受试在听到"把"后更多地看向"把"目标事件区域,在听到"被"后更多地看向"被"目标事件区域。该眼动效应在形态句法标记"把"/"被"之后的名词短语时间窗口内出现,表明3岁典型儿童、5岁典型儿童和5岁自闭症儿童都可以迅速有效地利用编码在形态句法标记中的抽象语义信息对句子进行解读。

当然,我们在实验结果部分已经指出,5岁自闭症儿童和5岁典型儿童在加工形态句法信息时在时间进程上表现出了显著差异。5岁典型儿童的效应出现在1400—1600 ms的时间窗口内,而5岁自闭症儿童的效应出现在1800—2000 ms的时间窗口内,且在统计上差异显著。我们认为,5岁典型儿童和5岁自闭症儿童之间的这种差异反映了两个群体在通用认知加工能力(general cognitive processing abilities)上的差异,而非语言知识上的差异。和同年龄的典型儿童相比,自闭症儿童的认知加工能力更弱,所以他们可能需要花更多的时间才能把注视点移到目标事件区域,尽管他们和典型儿童一样具备相关的语言知识并能够使用该语言知识。今后的研究需要直接考察儿童通用认知加工能力和语言理解能力之间的关系。

4. 儿童对韵律信息的使用

4.1 研究问题

前两章分别考察了学龄前典型儿童和自闭症儿童在实时句子加工过程中对动词信息的使用和对编码在形态句法标记中的抽象语义信息的使用。本章我们考察学龄前典型儿童和自闭症儿童在实时句子加工过程中对韵律信息的使用。

韵律是指由语音的音长、振幅和基频的变化而产生的超音段特征。口语句子的韵律模式通常反映说话人的情绪和心理状态，并能引发某些语用功能（Ladd, 1996; Pierrehumbert & Hirschberg, 1990; Prieto, 2015; Wilson & Wharton, 2006）。该研究对比考察典型儿童和自闭症儿童是否掌握韵律的核心语用功能之一，即表达说话人的交际意图。一般认为，理解说话人的韵律信息与推测说话人的交际意图的能力直接相关（Verschueren, 1999）。此外，我们发现以往考察儿童对韵律信息的使用的研究很少关注汉语普通话儿童。但事实上，汉语普通话非常适合用来考察该问题，因为在汉语普通话中，相同的词语组合根据所使用韵律的不同能够用来表达不同的交际意图。以句子（13）为例。诸如（13）这样的带有特殊疑问词的否定句在汉语普通话中是有歧义的。这样的句子既可以用作疑问句，如（13a）；也可以用作陈述句，如（13b）。这两种解读对应着两种不同的言语行为（speech act），即提出问题和发表陈述。说话人在日常会话中频繁使用这两种言语行为，表达不同的交际意图。

(13) 小明没有摸什么动物
    a. 疑问解读：什么动物小明没有摸？
    b. 陈述解读：小明没有摸任何动物。

汉语普通话另一个非常有趣的属性是我们可以使用韵律信息来区分这两种不同的言语行为。具体来说，若特殊疑问词"什么动物"使用升调，则句子表达疑问；若特殊疑问词使用平调，则句子表达陈述。需要注意的是，英语也可以用韵律来区分陈述句和疑问句。例如，英语母语者可以通过给陈述句（如 Mary bought an apple.）施加一个疑问语调来表达是非疑问（如 Mary bought an apple?）。但是，英语和汉语普通话的不同之处在于，英语句子 Mary bought an apple 本身并没有歧义，只是通过改变韵律就可以将其转化为疑问句。相反，在汉语普通话中，（13）这样的结构本身存在歧义（即当以文字形式呈现该句时，陈述解读和疑问解读同时成立），而韵律可以有效地区分这两种意义。本研究利用汉语普通话的这一特点，对比考察学龄前典型儿童和自闭症儿童是否可以利用韵律信息来推测说话人想表达的意义（即交际意图）。我们先简要回顾一下以往研究对自闭症群体韵律使用的考察。

越来越多的研究者开始关注自闭症儿童在语言理解中对韵律信息的使用能力［参见 Diehl et al.（2015）的述评］。很多研究发现自闭症儿童在韵律的感知和产出上都存在障碍（Arciuli & Bailey, 2019; DeMyer et al., 1973; Diehl & Paul, 2013; Kanner, 1943, 1971; Lord & Paul, 1997; McAlpine et al., 2014; McCann & Peppé, 2003; Paul et al., 2005a, 2005b; Peppé et al., 2006, 2007; Rutter & Lockyer, 1967; Shriberg et al., 2001; Su et al., 2014; Tager-Flusberg, 1999a; Terzi et al., 2016）。例如，Peppé et al.（2007）发现英语母语的高功能自闭症儿童（年龄在 6;1—13;6 之间）不能使用韵律信息来区分疑问句和陈述句。如我们在前文所讨论的，英语母语者可以通过给陈述句施加一个疑问语调来表达是非疑问。Peppé et al.（2007）发现当使用疑问语调给受试呈现句子时，他们通常会错误地将这些句子判断为陈述句。此外，以往研究也发

现,即使是高功能自闭症人群,他们在使用韵律信息推测说话人情绪的能力方面也存在障碍(Golan et al., 2007; Järvinen-Pasley et al., 2008; Kleinman et al., 2001; Peppé et al., 2006, 2007; Rutherford et al., 2002)。

但需要指出的是,并非所有研究都发现自闭症群体在韵律的感知和产出上存在障碍。例如,Baltaxe & Simmons(1985)考察了 7 名自闭症青少年(年龄在 9 岁到 14 岁之间),发现 7 名受试中只有 4 名在言语的超音段特征上存在显著困难。Paul et al.(2005b)考察了 30 名自闭症青少年和成人(年龄在 10 岁到 49 岁之间),其中只有 14 人表现出了非典型的韵律模式。此外,Paul et al.(2005a)考察了高功能自闭症青少年(年龄在 14 岁到 21 岁之间)是否可以利用韵律信息来区分疑问句和陈述句,他们的研究结果和上文提到的 Peppé et al.(2007)的结果截然相反。Paul et al.(2005a)发现受试可以清楚地利用语调信息来区分疑问句和陈述句。例如,当句子 John ate an apple 被用升调表达出来时,受试把句子判断为是非疑问句,当相同的句子被用平调表达出来时,受试把句子判断成陈述句。

通过以上对已有研究的梳理,我们发现已有研究得出的结果不一致。这种结果的不一致可能是由不同的研究采用不同的研究方法所导致的。同时,不同研究中测试的受试的年龄差异也给跨研究比较带来了困难(Chevallier et al., 2009; McCann & Peppé, 2003)。一些研究测试了年龄较小的儿童,而另一些则测试了青少年和成人。因此,存在一种可能性,即以往研究中观察到的儿童和青少年之间的差异实际反映的是从儿童到青少年发育过程中他们使用韵律信息推测说话人交际意图能力的提升。这或许是一个自然发育的过程。推测他人交际意图的能力是人作为社会人的重要体现,也是人类核心社交能力的关键组成部分之一(Akhtar & Martinez-Sussmann, 2007; Hala, 1997; Moore & Corkum, 1994)。因此,考察自闭症儿童相关能力的发展显得尤为重要。对该能力在自闭症群体中发展轨迹的考察有助于我们了解以往研究中所观察到的社交沟通障碍的本质,比如该能力是先天受损,还是一种迟滞现象,即只是相比于典型儿童的发展往后推迟了一些。

Diehl et al.（2015）开始对相关问题进行考察。他们的研究结果似乎表明自闭症儿童对韵律信息的使用能力呈现一种发展的趋势。Diehl et al.（2015）运用眼动追踪考察了英语母语自闭症儿童在实时句子理解过程中对韵律信息的使用。该研究与我们研究中使用的实验方法直接相关，所以我们在此简要回顾该研究。Diehl et al.（2015）考察了两组自闭症受试：8 至 12 岁的儿童和 12 至 18 岁的青少年，关注受试在句子加工过程中是否可以使用韵律信息来消除句子歧义。英语中像"You can feel the frog with the feather"这样的句子是有歧义的，它既可以有工具解读（即 You can feel the frog using the feather）也可以有修饰解读（即 You can feel the frog that has the feather）。而韵律边界/停顿（用方括号 [ ] 表示）通常可以被用来消除歧义："You can feel the frog [ ] with the feather"指向的是工具解读，而"You can feel [ ] the frog with the feather"指向的是修饰解读。实验得到的两个受试组的眼睛注视模式表明，他们对最初呈现的韵律信息都是敏感的。但是，当后续实验中呈现不同的韵律信息时，大年龄组的受试（年龄在 12 至 18 岁之间）可以有效使用新的韵律信息正确理解句子语义，但是小年龄组的受试（年龄在 8 至 12 岁之间）倾向于继续使用初始韵律信息而非新出现的韵律信息来理解句子语义（反馈模式和最初呈现的韵律信息指向一致）。该研究结果似乎表明，年龄较小的自闭症儿童很难根据韵律信息的变化来改变他们的语义理解。两个年龄组之间的表现差异似乎表明，自闭症群体使用韵律信息的能力具有潜在的发展可能性，尽管这种能力的发展似乎发生在发育的较晚阶段，即青春期左右。

在本研究中，我们考察比前人研究中年龄更小的自闭症儿童，检测他们在实时句子理解过程中是否能够有效利用韵律信息推测他人的交际意图。为了考察该能力在学龄前自闭症群体中的发展轨迹，我们对比了两个年龄组（即 4 岁和 5 岁）的自闭症儿童和年龄匹配的典型儿童的表现。目前，对于学龄前自闭症儿童相关能力的考察极为有限。和 Diehl et al.（2015）的研究一样，本研究采用眼动追踪的视觉–情境范式。

4.2 研究方法

4.2.1 受试信息

46 名自闭症儿童（图表中简称为 ASD）报名参加该实验，他们的诊断由医院通过 DSM-IV-TR（APA, 2000）和 DSM-5（APA, 2013）实现，并由研究团队通过 ADOS（Lord et al., 2000）进行独立确认。受试招募自北京大学第六医院附属自闭症儿童康复教育中心。46 名受试中有 10 人的数据没有被纳入最后的分析，其中有 2 人没有满足 ADOS 所规定的自闭症临界值，4 人没有完成实验任务，另外 4 人由于我们无法完成对他们的眼动仪校准而退出了研究。其余 36 名受试顺利完成了实验任务并被纳入最后的分析，他们被分成两个年龄组：4 岁 18 人（年龄范围 4;1—4;6，平均年龄 4;4）和 5 岁 18 人（年龄范围 5;1—5;8，平均年龄 5;6）。

同时，我们从北京桃李芳园艺术幼儿园招募了 27 名 4 岁典型儿童（年龄范围 4;1—4;6，平均年龄 4;4）。以往的研究表明，4 岁汉语普通话典型儿童已经可以使用韵律信息来区分疑问句和陈述句（Zhou et al., 2012）。根据家长提供的信息，受试均没有临床诊断的疾病、语言障碍或接受过特殊教育服务。为了确保典型儿童受试组不存在尚未确诊的自闭症儿童，我们研究团队中的临床专家使用 DSM-5 对这些受试进行了筛查。筛查结果显示 27 名典型儿童中没有任何一人符合 DSM-5 的自闭症诊断标准。27 名受试中有 2 人因为无法完成眼动仪校准而没有进入最后的分析。其余 25 名受试都顺利完成了实验任务并进入了最后的分析。

和前文的研究一样，我们测量每一位受试的平均句长和言语智商。为了计算受试的平均句长，我们会记录每一位受试在与父母或老师互动过程中说的 100 句话，然后用这 100 句话中包含的词的个数的总和除以 100，得出平均句长。受试言语智商的测量使用《中国–韦氏幼儿智力量表手册》（适用于 4 岁到 6 岁半的儿童）（龚耀先、戴晓阳，1992）。测量结果显示，所有受试

（包括参加实验的自闭症儿童）的言语智商分数都在 90 以上，表明我们测试的自闭症群体在整个谱系中是相对高功能的。

表 9 给出的是每一组受试的平均言语智商和平均句长。5 岁的自闭症儿童和 4 岁的典型儿童在言语智商（$t(41) = 0.54, p = 0.26$, Cohen's $d = 0.01$）和平均句长（$t(41) = 0.85, p = 0.65$, Cohen's $d = 0.02$）上都是匹配的。4 岁自闭症儿童的言语智商（$t(41) = 4.86, p < .01$, Cohen's $d = 0.62$）和平均句长（$t(41) = 13.76, p < .001$, Cohen's $d = 0.91$）都显著低于年龄匹配的典型儿童。所有受试都没有听力和视力障碍。该研究由清华大学医学伦理委员会批准（研究编号 20170018）。

表 9：每一组受试的言语智商和平均句长

组别	数量	言语智商	平均句长
ASD 组			
4 岁组	18	95.56（9.46）	4.77（1.25）
5 岁组	18	101.17（9.53）	5.92（1.26）
TD 组			
4 岁组	25	101.28（9.02）	5.89（1.22）

4.2.2 实验材料和设计

本研究的实验设计接近于 Zhou et al.（2012），并且采用了和 Zhou et al.（2012）相似的视觉图像刺激材料。我们一共设计了 18 个测试项，每个测试项由一张图片和两个测试句组成，一个测试句在特殊疑问词上使用升调（命名为疑问韵律，question prosody），另一个在特殊疑问词上使用平调（命名为陈述韵律，statement prosody）。实验中的图片刺激材料是关于两个人物角色的：小明和小红。小明具有典型的男孩外貌特征，而小红具有典型的女孩外貌特征。图片中除了出现两个人物中的一个，还会出现五个物体，其中三个属于一个类别（如水果），其余两个属于另一个类别（如动物），而人物角色始终会从包含三个物体的类别中选择一个。为了控制受试对图片刺激中某个特定物体的注视偏好，我们在设计图片刺激材料时平衡了人物的性别和物体在图片中出现的位置。所有的测试句都具有相同的结构：主语（Subject NP）+ 否定词（Negation）+ 动词（Verb）+ 疑问词（*Wh*-word）+ 宾语（Object NP）。测试句的主语是"小明"和"小红"两个人物名字中的一个。句中的否定词是固定的，所有的测试句都使用"没有"。句中动词都是单音节动词且表示动作。句中的疑问词也是固定的，所有的测试句都使用"什么"。句中宾语都是双音节名词短语。

测试句由一名说普通话的女性录制。两种不同韵律条件下的测试句（question prosody vs. statement prosody）中疑问词之前的成分（即 Subject NP、Negation 和 Verb）和疑问词之后的成分（即 Object NP）都具有相同的音长和强度（见表10）。韵律的差异只体现在疑问词上。具体来说，两种韵律条件下语调的差异（升调 vs. 降调）会导致疑问词在音长和强度上的差异，见表10中对测试句每个成分在疑问韵律和陈述韵律条件下的时长和强度分析。所有带有疑问韵律的测试句的长度均为 3390 ms，所有带有陈述韵律的测试句的长度均为 3290 ms。

表 10：测试句中的每个成分在疑问韵律和陈述韵律条件下的音长和强度分析

成分	时长 疑问/陈述	强度 疑问/陈述
主语	820 ms/820 ms	65.50 dB/65.50 dB
否定词	500 ms/500 ms	66.20 dB/66.20 dB
动词	400 ms/400 ms	66.50 dB/66.50 dB
疑问词	750 ms/650 ms	65.50 dB/70.50 dB
宾语	920 ms/920 ms	64.20 dB/64.20 dB

我们用一个图片刺激材料示例（见图 11）来说明。该图片中有三个动物（小狗、猴子和小马）和两个水果（苹果和梨），男孩小明摸了三个动物中的一个（小马）。和这张图片对应的有两个测试句（即同一个句子的两个不同韵律条件），一个测试句使用疑问韵律，一个使用陈述韵律。疑问韵律表达的是疑问解读，而陈述韵律表达的是陈述解读。

图 11：实验中的图片刺激材料示例（引自 Zhou et al., 2012）

我们把这 18 个测试项分成两组实验刺激，每一组实验刺激都有 18 张测试图片和对应的 18 个测试句，其中 9 个测试句使用疑问韵律，9 个使用陈述韵律，且对应同一张图片的两个不同韵律的测试句不出现在同一组中。除了测试项之外，每一组实验刺激还包含 16 个填充项，两组实验刺激使用相同的填充项。和测试项一样，每个填充项也由一张图片和一个句子组成。填充项中的图片和测试项相似。填充项使用的句子是无歧义的特殊疑问句（8 个）或否定陈述句（8 个）。（14）和（15）是两个填充句的示例，其中（14）是一个特殊疑问句，（15）是一个否定陈述句。填充项中一半陈述句是对相对应图片的正确描述，而另一半陈述句是对相对应图片的错误描述。填充项的目的是验证受试是否可以理解简单的特殊疑问句和否定句，因为我们的测试句中既涉及否定也涉及特殊疑问词。

（14）小红买了什么玩具？

（15）小明没吃水果。

每一组实验刺激材料中的18个测试项和16个填充项都随机排列。受试被随机分配到两组实验刺激中的一组：参加第一组的有9名5岁的自闭症儿童、9名4岁的自闭症儿童和12名4岁的典型儿童；参加第二组的有9名5岁的自闭症儿童、9名4岁的自闭症儿童和13名4岁的典型儿童。所有的测试句见附录C。

4.2.3 实验程序

实验采用眼动追踪的视觉-情境范式。受试在看电脑屏幕上呈现的图片（如图11）的同时听到一个测试句［如（13）］。受试眼睛和电脑屏幕之间的距离一般是60cm。测试句一般在视觉图像刺激呈现后的500ms出现，我们用EyeLink 1000 plus眼动仪的遥测功能记录受试的眼动情况，采样率使用500Hz（双眼），空间分辨率为0.01°，精度是0.5°。我们从句子出现开始记录受试眼动情况直到句子结束（即句子开始后的4000ms时间窗口内的眼动情况）。如前文所讨论的，实验任务不要求受试对实验材料进行任何主观反馈，从而最大限度地减轻实验任务负担和交际需求。受试只需要看视觉图像刺激听句子，遥测眼动仪记录他们处理听觉语言信息时在图片上的自发性眼动轨迹。

4.2.4 数据处理

只有当受试至少可以正确理解16个填充项中的14个（87.50%）时（根据眼动模式推测），他们的眼动数据才会进入最后的分析。所有受试对填充项理解的正确率都高于87.50%，因此他们的数据都被纳入最后的分析。为了分析眼动数据，我们首先把疑问词出现前后的眼动数据分成9个时间窗口，每个时间窗口时长300ms。这9个窗口中有2个位于疑问词出现前，作为数据分析的基线，其余7个窗口都位于疑问词出现后。我们把图片划分成三个兴趣区：与疑问解读匹配区域（question-compatible area）、与陈述解读匹配区域

（statement-compatible area）和无关区域（irrelevant area）。在图 11 中，与陈述解读匹配区域是包含男孩小明和小马的区域，与疑问解读匹配区域是包含小狗和猴子的区域，无关区域是包含苹果和梨的区域。我们采用的指标是眼睛在某个特定时间窗口（以毫秒计算）在某个特定兴趣区的注视点比率。比如，我们在某个特定时间窗口记录到了 5 个注视点，其中有 1 个注视点落在兴趣区，那么在这个特定时间窗口该兴趣区的注视点比率是 1/5。本研究中的关键区域是在两种韵律条件下的与疑问解读匹配区域和与陈述解读匹配区域。

4.2.5 实验预期

如果受试对韵律信息敏感（本研究主要关注语调）并且可以利用该信息区分两种言语行为，当他们听到带有疑问韵律的句子时比听到带有陈述韵律的句子时应该更多地注视图片中的与疑问解读匹配区域。反之，当他们听到带有陈述韵律的句子时比听到带有疑问韵律的句子时应该更多地注视图片中的与陈述解读匹配区域。两种韵律条件之间的这种差异应该出现在他们听到疑问词之后，因为两种韵律条件之间不同的韵律特征（即音长和强度）是在疑问词的特征上开始出现的（如表 10 所示）。在给出的示例中，听到（13）带有疑问韵律时会诱发受试更多地看向图 11 中的与疑问解读匹配区域（包含小狗和猴子的区域），因为此时句子表达的是一个疑问"什么动物小明没有摸？"相反，当相同的句子以陈述韵律呈现时，受试会更多地看向与陈述解读匹配区域（包含小明和小马的区域），因为此时句子表达的是一个陈述"小明没有摸任何动物"，而该陈述是对图 11 的一种错误描述。我们可以预测该效应会出现在受试听到疑问词"什么"之后。

4.3 研究结果

为了更好地理解眼动数据，我们先用图的形式直观呈现数据，然后再进行详细的统计分析。图 12—图 14 分别总结了 4 岁典型儿童、4 岁自闭症儿童和

5岁自闭症儿童在两种韵律条件下对关键区域的平均注视点比率。"0"表示疑问词开始出现的时间。如图12所示，4岁典型儿童在听到带有疑问韵律的句子后，对与疑问解读匹配区域的注视开始增加，而当他们听到带有陈述韵律的句子后，对该区域的注视则开始减少。相反，在与陈述解读匹配区域，我们观察到了相反的注视模式。相比于带有疑问韵律的句子，带有陈述韵律的句子在这一区域诱发了更高的注视比率。该效应发生在疑问词出现之后。与4岁典型儿童相比，两个自闭症儿童组表现出了不同的注视模式，见图13和图14。与听到带有陈述韵律的句子时相比，4岁自闭症儿童和5岁自闭症儿童在听到带有疑问韵律的句子时没有更多地看向与疑问解读匹配区域。换言之，无论听到哪一种韵律条件的句子，这两组自闭症受试都更多地注视与陈述解读匹配区域。

  为了从统计上验证这些眼动模式，我们通过empirical logit公式把注视点比率进行logit转换（Barr, 2008：*probability = ln ((y+0.5)/(n-y+0.5))*），在这个转换公式中，*y*指的是在某个特定时间窗口在某个特定兴趣区的注视点个数，*n*指的是在该特定时间窗口总的注视点个数。对每一个受试组，我们分别用线性混合效应模型对转换后的数据进行拟合。在完整的模型中，固定效应包括时间窗口、韵律条件（question prosody vs. statement prosody）和它们之间的交互；随机效应包括测试项和受试，它们的截距和斜率可以在所有的固定效应之间进行调整（Baayen et al., 2008; Barr et al., 2013）。然后我们降低模型的复杂度，检验复杂度降低后的模型是否和完整模型一样可以解释相同的变异（Bates et al., 2015）。如果可以，我们就接受该简化了的模型。我们在表11—表13的表注中提供了最终采用的统计模型。分析数据时，我们对时间窗口重新标准化，利用总平均值对数据进行中心化，防止共线性导致的相关问题。我们使用R（v3.2.5）软件环境（R Development Core Team, 2017）中的*lme4*（v1.1-12）包的*lmer*函数来拟合数据（Bates et al., 2013），并使用Wald检验来计算每一个固定效应的*p*值。

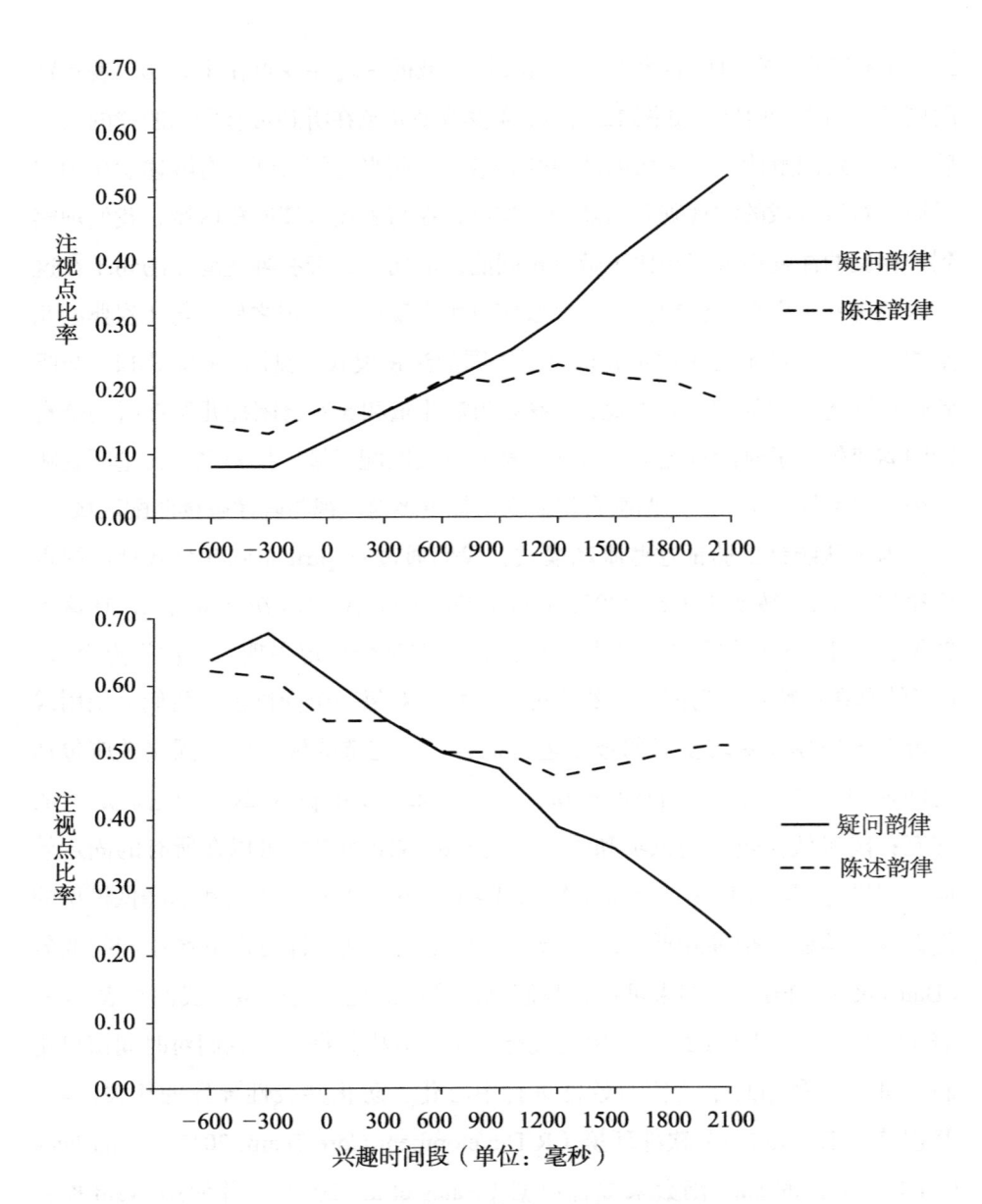

图 12：4 岁典型儿童在两种韵律条件下在与疑问解读匹配区域（上半部分）和与陈述解读匹配区域（下半部分）的平均注视点比率

注："0"表示疑问词开始出现的时间。

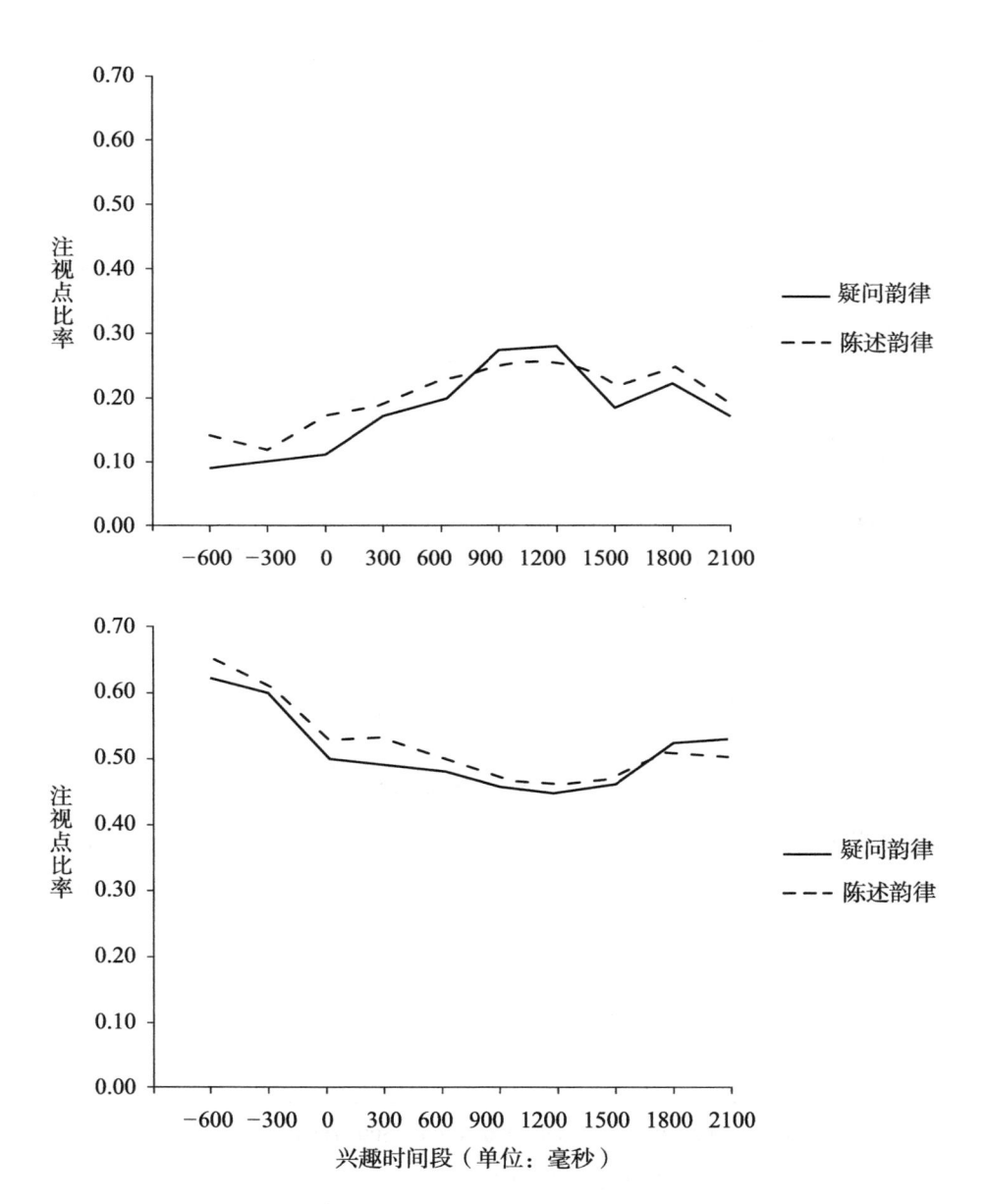

图13：4岁自闭症儿童在两种韵律条件下在与疑问解读匹配区域（上半部分）和与陈述解读匹配区域（下半部分）的平均注视点比率

注："0"表示疑问词开始出现的时间。

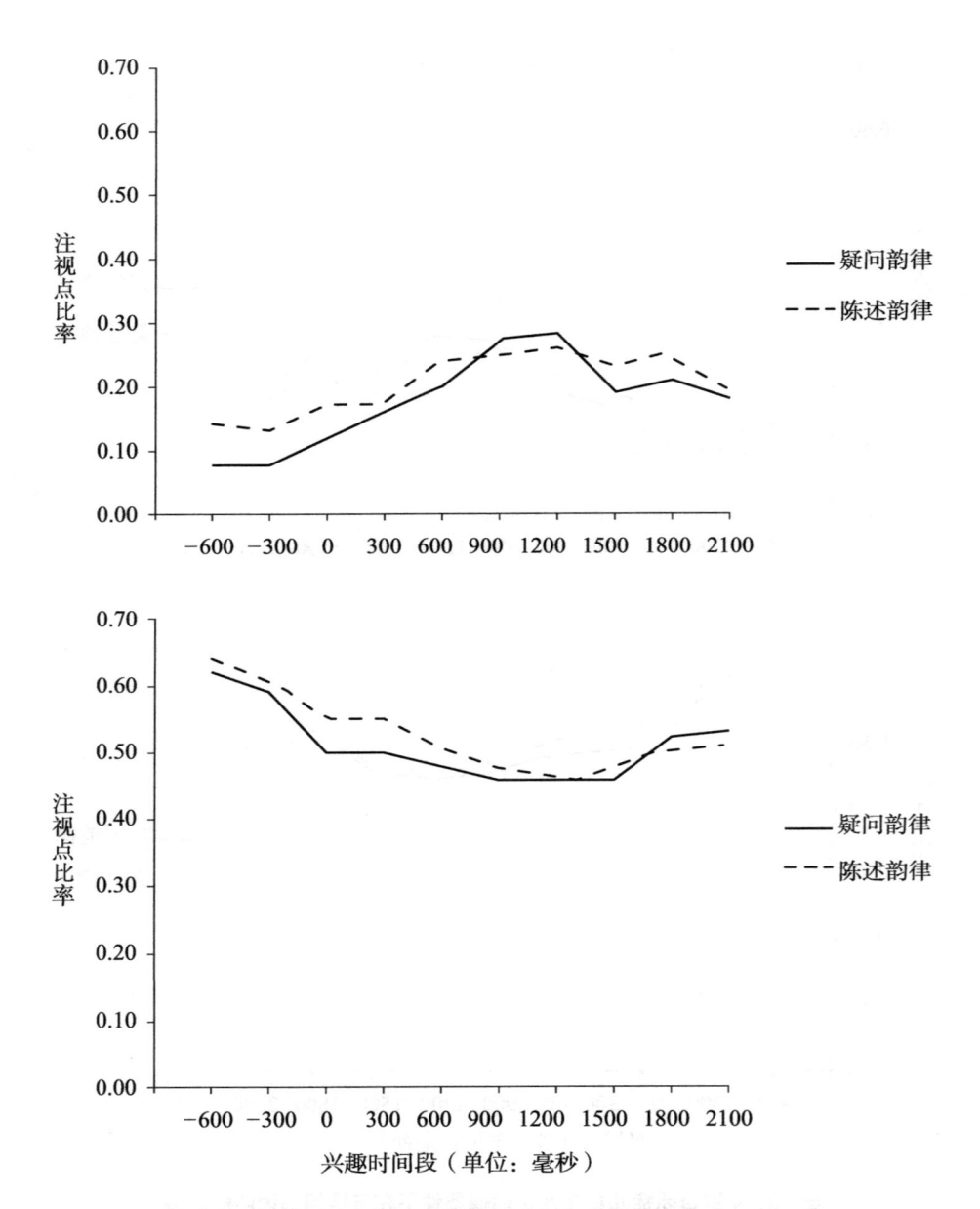

图 14：5 岁自闭症儿童在两种韵律条件下在与疑问解读匹配区域
（上半部分）和与陈述解读匹配区域（下半部分）的平均注视点比率

注："0"表示疑问词开始出现的时间。

表 11：4 岁典型儿童组的固定效应分析

Interest areas	Fixed effects	Estimate	Std. Error	t value
Q-compatible	(Intercept)	−0.28	0.08	−2.87*
	Condition (S-prosody)	−0.48	0.09	−4.33***
	Bin	0.21	0.02	15.58***
	Condition (S-prosody) × Bin	−0.27	0.02	−14.57***
S-compatible	(Intercept)	−0.24	0.08	−2.67*
	Condition (S-prosody)	0.37	0.09	3.82***
	Bin	−0.17	0.02	−11.06***
	Condition (S-prosody) × Bin	0.21	0.02	12.01***

R 中的公式：logit proportion ~ Condition * Bin + (1 + Condition + Bin | Participant) + (1 + Condition + Bin | Item)

* $p < .05$, *** $p < .001$

表 12：4 岁自闭症儿童组的固定效应分析

Interest areas	Fixed effects	Estimate	Std. Error	t value
Q-compatible	(Intercept)	−0.24	0.09	−2.39*
	Condition (S-prosody)	0.04	0.09	1.19
	Bin	0.03	0.04	0.79
	Condition (S-prosody) × Bin	0.04	0.03	1.26
S-compatible	(Intercept)	−0.27	0.08	−2.88*
	Condition (S-prosody)	0.04	0.08	1.01
	Bin	−0.03	0.03	−0.98
	Condition (S-prosody) × Bin	−0.04	0.03	−1.32

R 中的公式：logit proportion ~ Condition * Bin + (1 + Condition + Bin | Participant) + (1 + Condition + Bin | Item)

* $p < .05$

表 13：5 岁自闭症儿童组的固定效应分析

Interest areas	Fixed effects	Estimate	Std. Error	t value
Q-compatible	(Intercept)	−0.26	0.09	−2.46*
	Condition (S-prosody)	0.04	0.08	1.02
	Bin	0.03	0.03	0.87
	Condition (S-prosody) × Bin	0.05	0.03	1.21
S-compatible	(Intercept)	−0.25	0.08	−2.67*
	Condition (S-prosody)	0.04	0.05	1.04
	Bin	−0.03	0.04	−0.77
	Condition (S-prosody) × Bin	−0.05	0.02	−1.24

R 中的公式：logit proportion ~ Condition * Bin + (1 + Condition + Bin | Participant) + (1 + Condition + Bin | Item)

* $p < .05$

在统计模型中，固定效应有两个水平，即疑问韵律和陈述韵律，其中陈述韵律作为比较的基线。表 11 显示的是 4 岁典型儿童在与疑问解读匹配区域（表中用 Q-compatible 表示）和与陈述解读匹配区域（表中用 S-compatible 表示）的统计结果。在与疑问解读匹配区域，韵律条件（Condition (S-prosody)）的主效应显著，主效应的负系数表明，4 岁典型儿童在听到疑问韵律时比听到陈述韵律时更多地注视该区域。时间窗口（Bin）的主效应也显著，时间窗口与韵律条件的交互作用（Condition (S-prosody) × Bin）也显著：受试听到陈述韵律后，在与疑问解读匹配区域的注视点比率随着时间的增加而减少。在与陈述解读匹配区域，4 岁典型儿童呈现的眼睛注视模式和他们在与疑问解读匹配区域相反。韵律条件主效应的正系数表明，他们听到陈述韵律时更多地注视该区域。时间窗口与韵律条件的交互作用显著，该效应的正系数表明，受试听到陈述韵律后，在与陈述解读匹配区域的注视点比率随着时间的增加而增加。为了进一步考察所观察到的眼动效应出现的具体时间，我们使用 LMM 模型对每一个时间窗口进行了分析。结果发现两种韵律条件下的差异在疑问词出现后的 1500 ms 达到显著（$b = 0.45, t = 3.12, p < .01$）。

表 12 给出的是 4 岁自闭症儿童的统计结果，表 13 给出的是 5 岁自闭症儿童的统计结果。如表中所示，两个自闭症儿童组在两个关键区域表现出了相似的注视模式，但是他们的注视模式与 4 岁典型儿童的显著不同。不同于 4 岁典型儿童，4 岁和 5 岁的自闭症儿童组在与疑问解读匹配区域和与陈述解读匹配区域都没有呈现出韵律条件的主效应，也没有呈现出时间窗口的主效应，以及时间窗口与韵律条件的交互效应。

为了从统计上分析三组受试所呈现的注视模式在时间进程上是否存在差异，我们拟合了新的统计模型，把受试组别（4 岁典型儿童 vs. 4 岁自闭症儿童 vs. 5 岁自闭症儿童）加入模型中作为一个固定效应。具体统计结果见表 14。

表 14：融合三组数据的统计模型的固定效应分析

Interest areas	Fixed effects	Estimate	Std. Error	t Value
Q-compatible	(Intercept)	−0.21	0.04	−5.44**
	Condition (S-prosody)	−0.59	0.06	−2.57*
	Bin	0.13	0.04	2.49*
	ASD 4-yr-olds (TD 4-yr-olds)	0.05	0.03	5.25**
	ASD 5-yr-olds (TD 4-yr-olds)	0.04	0.03	5.19**
	Condition (S-prosody) × Bin	−0.24	0.04	−2.65*
S-compatible	(Intercept)	0.19	0.05	5.22**
	Condition (S-prosody)	0.53	0.04	2.38*
	Bin	−0.15	0.06	−2.54*
	ASD 4-yr-olds (TD 4-yr-olds)	−0.05	0.04	−5.12**

续表

Interest areas	Fixed effects	Estimate	Std. Error	t Value
	ASD 5-yr-olds (TD 4-yr-olds)	−0.05	0.04	−4.89**
	Condition (S-prosody) × Bin	0.26	0.03	2.48*

R 中的公式：logit proportion ~ Condition*Bin*Group + (1 + Condition + Bin | Participant) + (1 + Condition + Group + Bin | Item)

* $p < .05$, ** $p < .01$

如表 14 所示，在与疑问解读匹配区域和与陈述解读匹配区域，4 岁典型儿童和 4 岁自闭症儿童（ASD 4-yr-olds (TD 4-yr-olds)）之间，以及 4 岁典型儿童和 5 岁自闭症儿童（ASD 5-yr-olds (TD 4-yr-olds)）之间都呈现出了显著的受试组别效应。该统计分析证实了典型儿童组和两个自闭症儿童组所呈现的注视模式在时间进程上存在差异。我们的统计分析支持了图 12—图 14 中所呈现的眼睛注视模式。

4.4 讨论

本章旨在考察学龄前典型儿童和自闭症儿童能否利用韵律信息理解说话人的交际意图。采用眼动追踪的视觉–情境范式，我们发现和学龄前典型儿童不同，学龄前自闭症儿童所呈现的眼睛注视模式反映出他们未能使用韵律信息正确推测说话人的意图。具体来说，4 岁典型儿童的眼睛注视模式表明他们在实时句子加工过程中能够有效使用韵律信息正确理解句子的语义，但是两个自闭症儿童组却没法做到这一点。无论听到哪一种韵律条件（陈述韵律或者疑问韵律），4 岁和 5 岁的自闭症儿童都表现出对陈述解读的偏好，这似乎表明他们倾向于对疑问句做陈述解读。该发现与 Peppé et al.（2007）的研究结果一致，他们发现英语母语的高功能自闭症儿童倾向于将疑问句错误地判断为陈述句，这表明对自闭症儿童来说陈述解读似乎是默认解读。我们的研究结果表明，学龄前汉语普通话高功能自闭症儿童无法使用韵律信息区分两种言语行为（即提出问题 vs. 发表陈述）。

为了考察学龄前自闭症儿童利用韵律信息理解交际意图的能力在发育过程中是否有提高，本章考察了两个年龄组：4岁自闭症儿童和5岁自闭症儿童。我们把他们的眼睛注视模式与4岁典型儿童的进行了比较，且该4岁典型儿童组的言语智商和平均句长水平是和5岁自闭症儿童组相匹配的。研究发现，4岁和5岁自闭症儿童组呈现出了相似的眼睛注视模式，且该注视模式表明他们在实时句子加工过程中无法使用韵律信息理解交际意图。我们的研究结果也显示，使用韵律信息理解说话人交际意图的能力相对独立于言语智商和句子复杂度或结构性语言（平均句长）。此外，我们发现，与言语智商和平均句长匹配的典型儿童相比，5岁自闭症儿童的表现要显著更差。该结果似乎表明，通过韵律信息推测说话人意图的能力不仅仅依赖于语言能力，也依赖于语用等社交沟通能力的发展。自闭症儿童在该方面能力的缺失不仅仅是他们语言能力方面的缺失，也和他们社交沟通能力的障碍相关。以往研究也发现没有结构性语言障碍的自闭症个体在使用韵律时会表现出非典型的模式（Tager-Flusberg et al., 2005）。我们的研究结果与前人的发现一致。此外，我们的结果显示，自闭症儿童使用韵律信息理解交际意图的能力在4岁到5岁之间并没有得到发展和提高，表明这一能力的缺陷或许在自闭症群体中是一种先天的缺陷。但是，我们也需要指出，该能力在4岁到5岁之间没有发展并不意味着该能力在自闭症群体中一直不会发展和提高。还存在一种可能性，就是这种能力在自闭症群体中发展较晚，可能发生在5岁之后。事实上，正如我们在本章综述部分所讨论的，Diehl et al.（2015）的研究似乎表明使用韵律信息的能力在自闭症群体中发展较晚，大约在青春期。为了探究这种能力在自闭症群体中是否确实发展较晚，我们需要开展进一步的研究。

总之，本研究的结果显示，学龄前自闭症儿童使用韵律信息理解说话人交际意图的能力存在缺陷。揭示学龄前自闭症儿童在推测他人交际意图时能够利用哪些信息，同时又对哪些信息的使用存在困难对于我们理解他们社交沟通障碍的本质至关重要。对于这两类信息的探索能够帮助我们更好地了解与自闭症儿童社交沟通能力相关的成分哪些是受损的，哪些又是保存完好的。我们只有同时掌握这两部分信息才能最终确认是哪些成分受损导致了该群体的社交沟通障碍。同时，确认受损的成分和保存完好的成分也具有重要的临床意义。一旦确定了这两类成分，我们就可以充分利用保存完好的成分，并在制订相关治疗方案时使用保存完好的成分来替代或者补偿受损的成分。

当然，我们需要指出的是，我们仍不清楚自闭症儿童使用韵律信息理解他人交际意图存在缺陷的根源是什么。这种缺陷可能反映的是他们在理解韵律的交际功能上存在普遍的语用困难，而该困难在根本上和他们的核心障碍（即社交沟通障碍）紧密相关。今后的研究需要系统考察自闭症儿童是如何使用各种与社交沟通能力紧密关联的语言信息的。同时，我们需要指出本研究中的一些局限。首先，我们的样本量相对较小，每个自闭症儿童组只有18名受试。今后的研究需要扩大样本量来进一步验证本研究所发现的眼睛注视模式是否具有普遍性。其次，和以往大多数研究一样，我们研究中的自闭症儿童具有较高的口语水平，并不能代表更广泛的谱系样本（例如，我们的样本不包含口语少或者没有口语的自闭症儿童群体），因此，在把相关结论推广到整个谱系障碍时需要谨慎。

5. 儿童的语言理解与社会认知

5.1 研究问题

我们在前三章分别考察了学龄前典型儿童和自闭症儿童在句子加工过程中对动词信息的使用、对编码在形态句法标记中的抽象语义信息的使用，以及对与说话人交际意图直接关联的韵律信息的使用。研究结果显示，学龄前典型儿童可以快速有效地利用这三类不同的语言信息，学龄前自闭症儿童运用动词信息和形态句法标记中抽象语义信息的能力保存相对完好，但他们使用韵律信息的能力严重受损。我们在前文中已经讨论，社交沟通障碍是自闭症群体的核心症状之一（APA, 2013），而使用韵律信息理解说话人交际意图的能力直接和该核心症状相关联。我们认为，自闭症儿童使用韵律信息理解说话人交际意图能力的受损可能直接和他们社交沟通能力的受损相关。

与韵律信息相比，自闭症儿童使用动词语义信息和形态句法信息的能力与典型儿童接近，这表明自闭症儿童的核心语言理解能力保存相对完好，至少在与社交沟通和社会认知能力没有直接关联的语言理解能力部分没有明显的缺失。该结果似乎表明，语言理解能力与社会认知能力之间具有一定的独立性。

在本章，我们将使用基于眼动追踪的新的实验范式，对比考察学龄前典型儿童和自闭症儿童的社会认知能力，检测他们的社会认知能力是否受损。在第 2 章的研究中，我们发现学龄前自闭症儿童可以迅速有效地利用动词语义信息推测句中即将出现的成分，这表明他们具备使用语言信息进行推论的能力。在本章中，我们考察学龄前自闭症儿童是否能够使用社会信息进行推论，从而来检测他们的社会认知能力与语言理解能力之间是否存在不对称性。在正式介绍实验之前，我们简单回顾前人对自闭症儿童社会认知能力的考察。

　　分享感受、交流思想以及预测彼此的行为是人作为社会动物的核心体现。而自闭症群体却缺乏这样的核心能力，表现在他们的核心症状之一即社交沟通障碍上。自闭症群体的社交沟通障碍一般被认为是因他们社会认知能力的缺失而导致的，而社会认知能力的核心是心智理论（Thoery of Mind，简写为 ToM）（Premack & Woodruff, 1978）。心智理论是指某个个体感知和理解他人心理状态（如意图、信念和情绪等），并以此预测和解释他人行为的能力。儿童心智理论的发展是其社会认知能力发展的重要体现，是其社交沟通能力发展的重要基础。一般认为，典型儿童在4岁左右就基本掌握了心智理论，能够站在他人的立场去思考问题，理解他人的意图和信念；而自闭症儿童的心智理论发展较差（Baron-Cohen, 1988; Baron-Cohen et al., 1985; Frith & Happé, 1994; Happé, 1993, 1995; Heavey et al., 2000; Jolliffe & Baron-Cohen, 1999; Liu et al., 2008; Peterson et al., 2009; Roeyers & Demurie, 2010; Wellman et al., 2001, 2006; Wellman & Liu, 2004; Wimmer & Perner, 1983; Yirmiya et al., 1998; Zhang et al., 2016）。

　　研究一般采用错误信念任务（false-belief task）或者该范式的某个变体来测试儿童的心智理论（Baron-Cohen et al., 1985; Wellman et al., 2001, 2006; Wellman & Liu, 2004; Wimmer & Perner, 1983）。在标准错误信念任务（standard false-belief task）中，实验者会给儿童呈现一个事件。在该事件中，一个物品在主人公不在场的情况下被移出原来的位置，然后实验者会问儿童当主人公返回时她会去哪里寻找该物品。任务的基本假设是：如果儿童拥有心智理论，那么他们应该基于主人公的信念对她的行为进行预测，从而指出她会去她离开该物品时的原始位置寻找（注意：主人公的信念是对物品当前位置的错误信念）；如果儿童缺乏心智理论，那么他们可能会根据他们自己对物品当前实际位置的信念来预测主人公的行为，从而指向物品的当前位置。以往研究表明：典型儿童4岁左右就能够通过标准错误信念任务，而小于 4 岁的典型儿童和年龄远大于 4 岁的自闭症儿童通常无法完成该任务。

需要注意的是，标准错误信念任务需要有明确的言语回答，这可能会给自闭症儿童和年龄较小的典型儿童带来困难。已有研究表明儿童在标准错误信念任务中的表现和他们的语言能力高度相关，尤其是他们的言语表达能力（Happé, 1995; Hoogenhout & Malcolm-Smith, 2014; Tager-Flusberg, 2007）。为了解决标准错误信念任务过度依赖儿童言语表达能力的问题，研究者开始设计非言语任务来考察儿童的错误信念赋予（Baillargeon et al., 2010; Buttelmann et al., 2009; Clements & Perner, 1994; Onishi & Baillargeon, 2005; Ruffman et al., 2001; Southgate et al., 2007）。这些非言语任务的结果显示，小于 4 岁的典型儿童表现出的自发行为模式反映出他们已经具备赋予他人错误信念的能力了。由 Southgate et al.（2007）设计的非言语眼动追踪范式也已经被用来研究自闭症群体赋予他人错误信念的能力（Schuwerk et al., 2015, 2016; Senju et al., 2009, 2010; Senju, 2012）。

在非言语眼动追踪任务中，实验者给受试呈现视频刺激。视频中的主人公看着一个物品被藏进一个盒子中；然后，当主人公移开视线时，物品从盒子中被移走。实验记录并分析受试在观看视频刺激时的眼动轨迹，从而来判断他们能否根据主人公对物品当前位置的错误信念自发地预测主人公的后续行为（例如，主人公会去原来的盒子中寻找物品）。采用非言语眼动追踪任务的研究有两项重要发现。首先，8 岁的高功能自闭症儿童没有呈现出能够反映他们自发将错误信念赋予主人公的眼动模式，但是与该群体在言语能力上匹配，并且在标准错误信念任务中的表现匹配的典型儿童却呈现出了自发将错误信念赋予主人公的眼动模式（Schuwerk et al., 2016; Senju et al., 2010）。其次，具有相对较强言语表达能力的成年自闭症患者也没有呈现出能反映他们自发赋予主人公错误信念的眼动模式，尽管他们能够通过标准错误信念任务（Senju et al., 2009; Senju, 2012）。

总之，先前使用非言语任务的研究表明，无法通过标准错误信念任务的小于 4 岁的典型儿童能够在非言语任务中自发产出与错误信念赋予匹配的行为模式。相比之下，具有较强言语表达能力的 8 岁自闭症儿童和成年自闭症患者，能够通过标准错误信念任务，但没能呈现出反映他们自发赋予他人错误信念能力的眼动模式。这种使用标准错误信念任务和非言语任务之间的结果差异通常被归因于显性心智理论（explicit ToM）与隐性/自发性心智理论（implicit/spontaneous ToM）之间的差别。Senju et al.（2009, 2010）提出自闭症患者表现出隐性/自发性心智理论的缺失，这种缺失很可能会导致他们的社交沟通障碍（Senju et al., 2009, 2010; Senju, 2012）。此外，在年龄较大的、言语表达能力较好的自闭症儿童和成人自闭症患者中观察到的这种缺失似乎表明隐性/自发性心智理论与言语表达能力是相对独立的（Schuwerk et al., 2015, 2016; Senju et al., 2009, 2010; Senju, 2012）。

非言语错误信念任务的使用让研究者可以考察心智理论在典型和非典型人群中的早期发展，特别是在自闭症儿童群体中的发展。与标准错误信念任务不同，非言语任务把对语言和其他认知能力的要求降到最低，因此非常适合用于测试自闭症这一特殊群体。

然而，以往大多数使用非言语眼动追踪任务的研究都集中在年龄较大的自闭症儿童（即 8 岁儿童）和成年自闭症患者上，对学龄前自闭症儿童的隐性/自发性心智理论的研究仍然较少。为了考察自闭症群体的隐性/自发性心智理论是否是先天、持续性受损，我们有必要研究年龄更小的自闭症儿童群体（例如，学龄前自闭症儿童）。

此外，大多数研究考察的是儿童赋予他人错误信念的能力。但我们需要指出的是，对心理状态的推测不仅仅包含对错误信念的推测（Bloom & German, 2000; Fodor, 1992）。错误信念赋予只是心智理论的一个方面，心智理论还有其他更基本的不涉及错误信念的内容。错误信念任务，无论是言语还是非言语形式，都要求受试对一个错误的信念进行推理。正如 Leslie（1987）指出的那样，人们通常认为自己的世俗信念是正确的，因此在猜测他人信念时也一般认为他人的信念和自己的信念是一样正确的，这被 Leslie（1987）称为"默认的正确信念"（Leslie, 1987, 1994; Leslie et al., 2004）。因此，在错误信念任务中，对错误信念的成功推理要求对默认的正确信念进行有效抑制。研究一般认为，与成人相比，儿童认知能力的诸多方面（比如抑制控制能力和工作记忆）都是相对受限的（Diamond, 2006; Diamond & Gilbert, 1989; Diamond et al., 2002; Gathercole et al., 2004）。而对自闭症儿童而言，他们的抑制控制和工作记忆等认知能力就尤其受限（Christ et al., 2007; Hill, 2004; Luna et al., 2007; Ozonoff et al., 1991; Williams et al., 2005）。鉴于他们受限的认知能力，自闭症儿童和年龄较小的典型儿童无法把错误信念赋予他人也就不足为奇了。要想了解自闭症儿童社会推理能力的发展情况，除了考察他们错误信念赋予的能力之外，我们有必要对心智理论中其他基础核心能力进行研究。

本研究使用一种全新的非言语眼动追踪任务来考察学龄前自闭症儿童的隐性/自发性心智理论。此外，我们不研究错误信念的赋予，而是考察社会推理中一项非常基础也非常核心的能力，即在一个给定的社会情境下根据他人的心理状态来推断他人行为的能力。我们称之为社会推理能力。这种能力是社交沟通能力的关键组成成分。

研究表明人类对他人信念的推理早在婴儿时期和学龄前就已经开始了。例如，8至9个月大的典型发展的婴儿似乎已经在考虑当他需要某个物品并伸手去够某个物品时，其他人是否愿意提供帮助（Behne et al., 2005; Liszkowski, 2018; Ramenzoni & Liszkowski, 2016; Tamis-LeMonda et al., 2008; Tomasello et al., 2007）。但是，目前尚不清楚学龄前自闭症儿童能否在特定的社会情境中进行社会推理。正如之前所讨论的，错误信念赋予涉及抑制控制和工作记忆等认知能力，这可能会给自闭症儿童造成特殊的困难。因此，我们感兴趣的是，当不涉及错误信念赋予时，学龄前自闭症儿童是否能够根据他人的心理状态对他们的行为进行推断。

为了进一步降低对自闭症儿童的任务和沟通要求，我们设计了一个全新的非言语眼动追踪任务。该任务不要求受试有任何言语回答，只测量他们在给定的社会情境下的自发眼动模式。如果学龄前自闭症儿童缺乏隐性/自发性心智理论（即使该能力不涉及对错误信念的抑制），那么我们预测，他们在该任务中仍无法呈现出能够反映他们通过自发编码社会信息并将心理状态赋予他人，从而来预测他人行为的能力的眼睛注视模式。

5.2 研究方法

5.2.1 受试信息

29 名 5 岁汉语普通话自闭症儿童参与了本项研究，他们的诊断由医院通过 DSM-IV-TR（APA, 2000）和 DSM-5（APA, 2013）实现，并由研究团队通过 ADOS（Lord et al., 2000）进行独立确认。受试招募自恩启自闭症社区（手机平台）。为了尽可能地减少参加实验的受试的异质性，该研究中只包含那些满足 ADOS 规定的自闭症诊断临床临界值的儿童。所有被招募的儿童都满足了该临界值。29 名儿童中有 3 名由于没有通过正式实验前的两个预测试阶段，没能进入正式实验；有 2 名在正式实验过程中有情绪激动和焦虑的表现而中途退出，没能完成全部实验内容；另外 2 名儿童由于我们无法完成对他们的眼动仪校准，所以退出了实验。其余 22 名儿童（14 名男孩和 8 名女孩，年龄范围 5;2—5;5，平均年龄 5;3）顺利完成了全部实验内容，数据进入最后的统计分析。为了进行典型与非典型的对比，我们招募了 50 名典型儿童，分为两组：第一组有 25 名典型儿童（13 名男孩和 12 名女孩，年龄范围 5;1—5;5，平均年龄 5;3），他们与自闭症儿童组年龄匹配；第二组也有 25 名典型儿童（13 名男孩和 12 名女孩，年龄范围 4;2—4;9，平均年龄 4;5），他们与自闭症儿童组智商匹配。典型儿童招募自北京桃李芳园艺术幼儿园。该研究由清华大学医学伦理委员会批准（研究编号 20170018）。

受试智商的测量使用《韦氏幼儿智力量表第四版（WPPSI-IV）中文版》（李毓秋、朱建军，2014）。表 15 给出的是每一组受试的平均智商（全量表智商，full scale IQ）。如表 15 所示，所有受试的智商得分均高于 88 分，5 岁自闭症儿童与 4 岁典型儿童的智商相匹配（$t(44) = 0.23, p = 0.86$, Cohen's $d = 0.01$），但 5 岁自闭症儿童的智商分数显著低于与他们年龄匹配的典型儿童（$t(44) = 3.55, p < .01$, Cohen's $d = 0.61$）。

表 15：每一组受试的智商分数

	ASD 5 岁	TD 4 岁	TD 5 岁
数量	22	25	25
平均值（标准差）	103.24（11.86）	103.38（11.71）	109.66（9.01）
范围	89—125	91—126	96—128

5.2.2　实验材料和设计

我们一共设计了 16 个测试项，每个测试项由一个测试句和两张图片组成，其中一张图片中名叫康康的男孩面前有一位男士，另一张图片中康康的面前有一棵树。所有测试项都使用同一个测试句："看，你觉得康康会去够哪一个？"图片中始终包含男孩康康，两个箱子（一个高箱子和一个低箱子）和两个物品（一个是康康喜欢的，一个是康康不喜欢的）。我们把康康喜欢的物品简称为"喜欢的物品"（liked item），把他不喜欢的物品简称为"不喜欢的物品"（disliked item）。在一半测试项中，高箱子在图片左侧，低箱子在图片右侧；在另一半测试项中，两个箱子的位置进行了调换。此外，在一半测试项中，"喜欢的物品"在高箱子上，"不喜欢的物品"在低箱子上；在另一半测试项中，两类物品的位置进行了调换。实验的关键变量，即社会意义（social meaning），是通过操纵图片中康康对面出现的是人还是树来实现的。在一半测试项中，康康对面出现的是一位男士（见图 15）；在另一半测试项中，康康对面出现的是一棵树（见图 16）。我们以图 15 和图 16 为例来具体说明。

图 15 和图 16 代表了研究中的两个关键条件。在这两张图片中，草莓在高箱子上，青椒在低箱子上。草莓是康康喜欢的东西，并且它在康康够不到的地方。这两个条件之间的关键差别在于，在图 15 中康康的对面有一个人，而在图 16 中康康对面有一棵树。这种差别代表着社会意义的不同：人（而非树）能够提供帮助并且愿意提供帮助。这项研究旨在了解典型儿童和自闭症儿童是否都能够从视觉场景中提取出这种社会意义，并使用该社会意义来预测康康的行为，即康康会去够哪个物品。

我们把这 16 个测试项分为两个测试列表，每个受试都会听到相同的测试

图 15：康康对面出现人的图片材料示例（引自 Zhou et al., 2019）

图 16：康康对面出现树的图片材料示例（引自 Zhou et al., 2019）

句，但只看到与之搭配的两张图片中的一张（例如，图 15 或者图 16）。每个测试列表中有 8 个测试项包含一位男士（例如，图 15），8 个测试项包含一棵树（例如，图 16）。此外，在每个列表中，喜欢或不喜欢的物品出现在两个箱子上的测试项数量相同：在 8 个测试项中，喜欢的物品在高箱子上；在另外 8 个测试项中，喜欢的物品在低箱子上。每个列表中，16 个测试项的顺序随机排列。受试被随机分配进入两个列表中的一个，其中 11 名 5 岁自闭症儿童、13 名 5 岁典型儿童和 13 名 4 岁典型儿童进入列表 1，另外的 11 名 5 岁自闭症儿童、12 名 5 岁典型儿童和 12 名 4 岁典型儿童进入列表 2。

5.2.3 实验程序

实验过程包括三个阶段，两个预测试阶段和一个正式测试阶段。受试在每个阶段的测试都单独进行。第一阶段主要用于帮助受试建立康康的喜好（即他喜欢的物品 vs. 他不喜欢的物品）。我们给受试展示了包含这两个类别的物品的图片（见图 17），并明确告诉他们康康喜欢哪些物品，不喜欢哪些物品。受试总共会看到 16 对物品。在一半图片中，喜欢的物品出现在左边；在另一半图片中，喜欢的物品出现在右边。例如，当受试看到图 17 时，他们会被告知康康喜欢西瓜，但不喜欢红辣椒。

图 17：阶段一使用的图片材料示例（引自 Zhou et al., 2019）

受试完成对所有 16 对物品喜恶的建立后，我们从中随机选出 12 对用以测试受试是否能够区分康康喜欢和不喜欢的物品。在一半测试中，受试会被要求指出康康喜欢的物品，在另一半中则要求他们指出康康不喜欢的物品。

只有在所有 12 个测试中均给出正确答案的受试才能进入第二阶段。

在第二阶段，我们首先给受试展示一张图片（见图 18）。如图所示，长颈鹿被用作衡量高箱子、男士、树、康康和低箱子高度的标尺。我们会清楚地告诉受试男士可以够到高箱子，但康康不能，康康只能够到低箱子。为了测试受试是否理解高箱子在康康的可及范围之外，而低箱子在他的可及范围之内，我们设计了 12 个测试。图 19 给出了一个示例，其中喜欢的物品（西瓜）在低箱子上，不喜欢的物品（红辣椒）在高箱子上。在一半测试项中，喜欢的物品被放在高箱子上；在另一半测试项中，喜欢的物品被放在低箱子上。此外，高低箱子出现的位置在所有测试项中保持平衡。12 个测试项以随机顺序呈现给受试。在一半测试项中，受试被要求指出康康可以够到的物品；在另一半测试项中，他们被要求指出康康够不到的物品。只有在所有 12 个测

图 18：阶段二使用的标尺（引自 Zhou et al., 2019）

图 19：阶段二使用的图片材料示例（引自 Zhou et al., 2019）

试项中均回答正确的受试才能够进入第三阶段的正式测试。

在第三阶段的正式测试中，受试会在电脑屏幕上看到如图 15 和图 16 所示的图片，同时听到测试句"看，你觉得康康会去够哪一个？"受试眼睛和电脑屏幕之间的距离一般是 60cm。测试句在视觉图像刺激呈现后的 500ms 出现，我们用 EyeLink 1000 plus 眼动仪的遥测功能记录受试的眼动情况，采样率使用 500Hz（双眼），空间分辨率为 0.01°，精度是 0.5°。我们记录受试在听到测试句中动词"够"之后 1000ms 内的眼动情况，因为我们认为受试听到句子中的动词后就应该能够对康康的行为做出推测。注意：和前文中涉及的实验一样，该实验任务不要求受试对实验材料进行任何主观反馈，从而最大限度地减轻实验任务负担和交际需求。我们告诉受试看图听句子，不要求他们对视觉场景中呈现的情形做任何主观判断。遥测眼动仪记录他们处理相关信息并自发性做出推断时在图片上的眼动轨迹。

5.2.4 实验预期

如果受试能够在给定的情形下根据康康的心理状态对康康的行为进行推测，那么当喜欢的物品出现在高箱子上时，受试在康康的对面有一个人和他对面有一棵树这两个关键条件下应该呈现出不同的眼睛注视模式；但是当喜欢的物品出现在低箱子上时，这两个条件下受试的眼睛注视模式应该没有差别。

我们以图 15 和图 16 为例进行说明。在这两张图片中，喜欢的物品（草莓）都在高箱子上，因此康康够不着它。但是，在图 15 中，康康的对面有一位能够提供帮助并且愿意提供帮助的男士，因此受试要想成功地对康康的行为进行推测，需要经过三个步骤。首先，对男士的行为进行推测：该男士愿意提供帮助，并且会帮助康康；其次，对康康的信念进行推测：康康相信这位男士愿意并且会帮助他；最后，以此为基础预测康康的行为：康康会去够高箱子上他喜欢的东西，因为他相信该男士会帮助他实现这个目标。在图 16 中，康康对面这位男士被一棵树替代了，受试应该知道康康够不到喜欢的物品，并且树不具备人愿意帮助他人的属性，在该情境下没有人会来帮助他。

因此，受试会推断康康可能会去够低箱子上的物品，因为该物品在他的可及范围之内。这两个关键条件下受试不同的推理过程会导致他们呈现出不同的眼睛注视模式。具体来说，当喜欢的物品出现在高箱子上时，与树出现在康康对面的情况相比，当人出现在康康对面时受试应该更多地看向高箱子区域。与之相比，当喜欢的物品出现在低箱子上时，受试在两个条件下看向低箱子区域的概率应该一样，因为这时喜欢的物品在康康能够到的范围之内，康康应该能够自己去拿。通过受试的眼睛注视模式，我们可以推断他们能否在给定的社会场景中成功地进行社会推理。

5.3　研究结果

在该研究中，受试眼睛注视模式的时间进程（time course）并不是我们主要关注的问题。我们所关注的是受试是否呈现出能够反映他们社会推理的眼睛注视模式，即他们是否能够通过自发编码图片中所提供的社会信息，并将心理状态赋予图片中的男孩康康，从而来推断康康的行为。因此，在分析眼动数据时，我们把图片划分成 4 个兴趣区：高箱子区域（包含高箱子和其顶部的物品的区域），低箱子区域（包含低箱子和其顶部的物品的区域），社会主体区域（包含男士或者树的区域）和男孩角色区域（包含男孩康康的区域）。我们采用的指标是眼睛在某个特定时间窗口（以毫秒计算）在某个特定兴趣区的注视点比率（见前文关于如何计算注视点比率的详细介绍）。注视点比率是当前评估儿童和成人语言能力的一个标准眼动指标。我们希望将该指标扩展到其他认知领域，比如包括心智理论这样的社会认知能力。我们希望通过该研究证实注视点比率不仅可以作为评估儿童语言能力的可靠指标，也可以作为测量他们社会认知能力的可靠指标。用注视点比率来检测儿童社会认知能力是该研究的一项重要创新之处。对每一个测试项我们都从动词"够"开始的时间计算在四个兴趣区的注视点比率。然后，对每个受试我们计算他们从每个测试项的动词开始后 1000 ms 内的时间窗口在每个兴趣区

5. 儿童的语言理解与社会认知 / 79

的注视点比率。

我们在实验预期部分已经讨论，当喜欢的物品出现在高箱子上时，康康对面出现人或树应该会导致受试的注视点比率不同。但是当喜欢的物品出现在低箱子上时，受试的注视点比率应该不受康康对面出现人或树的影响。图 20 给出的是三组受试在人和树的场景对比下在不同兴趣区的平均注视点比率，包括放着喜欢物品的高箱子区域（high box，每个受试组数据的左栏），放着喜欢物品的低箱子区域（low box，每个受试组数据的中间栏）以及出现人或者树的社会主体区域（agent，每个受试组数据的右栏）。

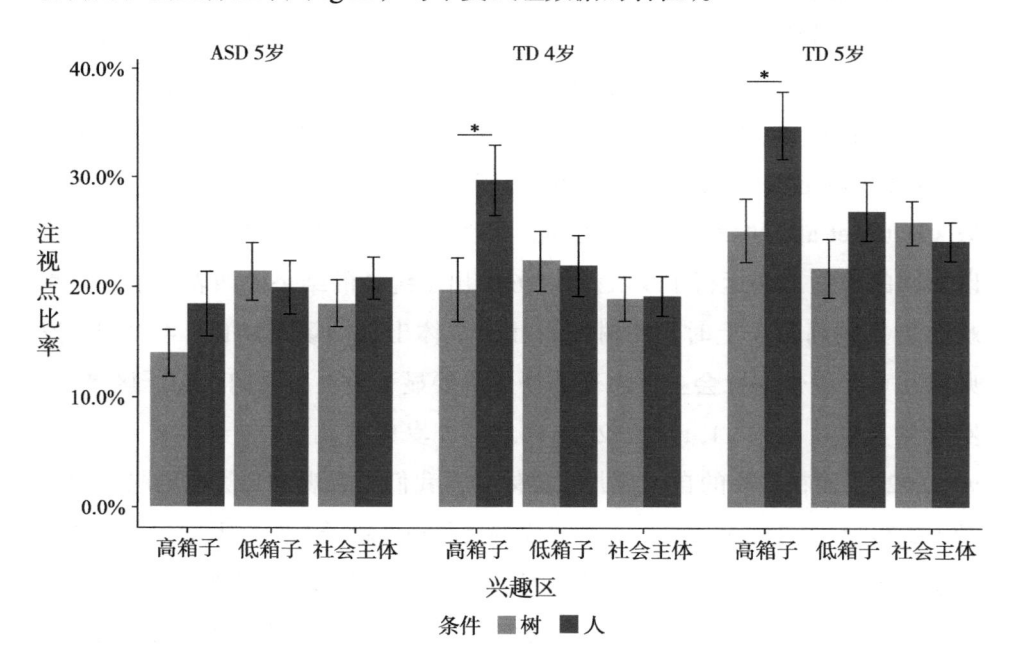

图 20：5 岁自闭症儿童和 4 岁、5 岁典型儿童在人和树的
场景对比下在放着喜欢物品的高箱子区域、放着喜欢物品的
低箱子区域和社会主体区域的平均注视点比率

注：误差条表示标准误差。* 表示在 .05 的显著性水平下（$p < .05$）两个实验条件之间存在显著差异。

如图 20 所示，对 4 岁和 5 岁的典型儿童来说，当场景中康康的对面出现人时，他们在放着喜欢物品的高箱子区域的注视点比率要高于当场景中康康对面出现树的情况，但 5 岁的自闭症儿童却没有表现出两个条件下注视点比率的差异。在放着喜欢物品的低箱子区域，三组受试在康康对面出现人和出现树的两种条件下都没有呈现出注视点比率的差异。此外，三组受试在两个社会主体区域（人 vs. 树）上也都没有呈现出注视点比率的差异。

为了从统计上验证这些眼动模式，我们用广义线性混合模型（generalized linear mixed models，简称 GLMMs）拟合每个受试组在每个兴趣区的数据。统计模型使用的数据是不经过聚合的。模型包含一个固定效应和两个随机效应。固定效应是实验条件，即场景中康康对面出现人还是树。随机效应包括测试项和受试，它们的截距和斜率可以在所有的固定效应之间进行调整（Baayen et al., 2008; Barr et al., 2013）。我们使用 R（v3.5.2）软件环境（R Development Core Team, 2017）中的 *lme4* 包（v1.1.19）的 *glmer* 函数（Bates et al., 2013）来拟合数据。因为有三个兴趣区和三个受试组，所以相同的模型总共运行了 9 次。表 16 给出了统计的结果。如表所示，当喜欢的物品在高箱子上时，和树作为社会主体出现的场景相比，4 岁和 5 岁典型儿童在人作为社会主体出现的场景下要显著地更多看向高箱子区域（4 岁典型儿童：$b = 1.11$, $z = 2.32$, $p = 0.02$；5 岁典型儿童：$b = 0.89$, $z = 2.24$, $p = 0.02$）；而在 5 岁的自闭症儿童群体中，我们没有观察到类似的眼动效应（$b = 0.75$, $z = 1.18$, $p = 0.24$）。当喜欢的物品在低箱子上时，无论社会主体是人还是树，4 岁、5 岁典型儿童和 5 岁自闭症儿童都表现出相似的眼睛注视模式。此外，三个受试组在人和树这两个社会主体区域上的注视点比率在统计上没有显著差异。表 16 的表注给出了我们所使用的统计模型。在解读统计结果之前，我们需要说明为什么要比较受试在社会主体人和树上的注视点比率是否存在差异。这涉及自闭症儿童和典型儿童对社会主体视觉偏好的差异。具体来说，我们需要考虑一种可能性，那就是和典型儿童相比，自闭症儿童缺乏两个关键条件下（康康对面出现人 vs. 树）的注视点比率的差异，是由于他们有一种不喜欢注视人的先天倾向。为了排除这种可能性，我们对受试组在人和树上的注视点比率进行了比较,发现三组受试均没有表现出看人或者看树的偏好。因此,我们的结果可以排除以上讨论的这种由视觉偏好所导致的可能性。

表 16:所观察到效应的统计结果

Area of interest	Group	Fixed effects	Estimate	Std. Error	z value	Pr(>|z|)	Sig
High box	ASD 5-year-olds	(Intercept)	−2.83	0.51	−5.51	0.00	***
		Man versus Tree	0.75	0.64	1.18	0.24	
	TD 4-year-olds	(Intercept)	−2.34	0.40	−5.93	0.00	***
		Man versus Tree	1.11	0.48	2.32	0.02	*
	TD 5-year-olds	(Intercept)	−1.79	0.31	−5.72	0.00	***
		Man versus Tree	0.89	0.40	2.24	0.02	*
Low box	ASD 5-year-olds	(Intercept)	−2.24	0.40	−5.57	0.00	***
		Man versus Tree	−0.57	0.65	−0.87	0.38	
	TD 4-year-olds	(Intercept)	−1.73	0.31	−5.54	0.00	***
		Man versus Tree	−0.61	0.50	−1.21	0.23	
	TD 5-year-olds	(Intercept)	−1.89	0.32	−5.85	0.00	***
		Man versus Tree	0.37	0.43	0.85	0.40	
Agent	ASD 5-year-olds	(Intercept)	−2.15	0.28	−7.83	0.00	***
		Man versus Tree	0.27	0.37	0.73	0.47	
	TD 4-year-olds	(Intercept)	−2.01	0.24	−8.20	0.00	***
		Man versus Tree	−0.19	0.36	−0.53	0.59	
	TD 5-year-olds	(Intercept)	−1.46	0.20	−7.24	0.00	***
		Man versus Tree	−0.26	0.30	−0.87	0.38	

R 中的公式:Proportion ~ condition + (1 + condition | condition / trial) + (1 + condition | Participant)
$*p < .05$, $***p < .001$

5.4 讨论

在该研究中，我们设计了一种全新的非言语眼动追踪任务来考察学龄前自闭症儿童能否在给定的社会情境中根据他人的心理状态来推断他们的行为。这样的社会推理能力是人作为社会动物探索世界的必要能力。具体来说，我们测量了受试在康康对面出现人和出现树的情境下对康康行为进行推测时相关的眼睛注视模式。人和树的存在导致社会意义的重要差别：人（而不是树）能够并且愿意提供帮助。儿童对该社会意义的推导能够指导他们对康康的行为进行推测。我们之前讨论过，这个推理过程包含三步：首先，推测男士的行为，即他会帮助康康；其次，推测康康的信念，即康康相信这位男士会帮助他；最后，以此为基础预测康康的行为。我们的研究结果表明，和康康对面出现一棵树相比，当康康对面出现一个人时，4岁和5岁典型儿童要显著地更多看向放着喜欢物品的高箱子。该眼睛注视模式清楚地反映了他们执行了上述的社会推理，表明典型儿童4岁时已经能够在给定的社会情境中根据他人的心理状态对他们的行为进行预测。相比之下，5岁自闭症儿童的注视点比率没有受到人或树出现的影响，表明他们无法像与他们智商和年龄匹配的典型儿童一样进行相同的社会推理。这些发现具有重要的理论和临床意义。

首先，以往研究（Schuwerk et al., 2015, 2016; Senju et al., 2009, 2010; Senju, 2012）对隐性/自发性心智理论缺失的考察主要基于8岁自闭症儿童和成人自闭症患者。我们的研究发现隐性/自发性心智理论在学龄前自闭症儿童（5岁儿童）中也是缺失的，该发现把这种缺失延伸到了学龄前自闭症群体，推进了该领域的研究。此外，在考察自闭症群体的心智理论时，以往研究主要关注错误信念赋予。本研究将对心智理论的研究扩展到了一个更为基础的方面，即不涉及错误信念赋予的社会推理能力。研究结果表明，除了先前研究已经证明的自发性错误信念赋予的缺失之外，自闭症儿童在心智理论更为基础方面的能力（即社会推理能力）上也存在障碍。该结果为自闭症群体的隐性/

自发性心智理论是先天、持续性受损的假设提供了进一步的证据（Schuwerk et al., 2015, 2016; Senju et al., 2009, 2010; Senju, 2012）。

　　研究中4岁典型儿童和5岁自闭症儿童之间的对比表明，社会推理的能力可能与智商水平没有直接关联。本研究中的5岁自闭症儿童具有较强的言语能力，并且他们的智商水平与4岁典型儿童是相匹配的（见"5.2.1　受试信息"部分）。然而，与4岁典型儿童不同，5岁自闭症儿童没有呈现出能够反映他们通过自发编码社会信息并将心理状态赋予康康，从而预测康康行为的这样一种能力的眼睛注视模式。该结果表明，正如先前研究所提出的，隐性/自发性心智理论的发展或许相对独立于智商水平和言语能力（Schuwerk et al., 2015, 2016; Senju et al., 2009, 2010; Senju, 2012）。

　　我们的研究结果也证明了我们设计的眼动追踪任务可以有效评估学龄前儿童进行社会推理的能力。该任务能够根据社会推理能力有效区分学龄前典型儿童和自闭症儿童，因此，可以用来作为评估儿童社会认知能力的一种手段。同时，该任务也为测量少言语的自闭症儿童的社会认知能力提供了一种可能性，因为它具有较低的任务和沟通需求，并不需要受试给予明确的言语回应。当然，该任务的有效性和敏感性还需要未来基于更大样本的进一步研究的证实。建立与特定认知过程相关的眼睛注视模式将有助于确立自闭症和一般社交沟通障碍的早期临床指标。近年来，研究人员已开始探索使用非典型视觉搜索模式作为自闭症早期预警指标的可能性（Falck-Ytter et al., 2013; Gliga et al., 2015; Guillon et al., 2014; Jones & Klin, 2013; Kaldy et al., 2011, 2016）。我们相信本研究为探索与社交沟通障碍相关的非典型眼睛注视模式提供了一个很好的范式。

　　如果通过我们的任务检测出儿童在进行相关社会推理时存在障碍，我们可以及时反馈给老师和家长，并且告诉他们应该在课堂和家庭的训练中，有意识地去帮助儿童做出我们上文所讨论的三步骤的社会推理过程，要让儿童清楚地认识到自己在哪一个步骤出了问题，并帮助他们纠正错误，最终做出正确的社会推理。在今后的研究中，我们希望可以尝试在自闭症儿童社交沟通障碍康复训练中引入我们提出的方法。我们相信一套精准的诊断方法也可以发展成为一套有效的干预方法。

我们的研究结果也让我们思考自闭症群体社交沟通障碍的本质。社交沟通障碍是自闭症谱系障碍的一个界定性特征，另一个界定性特征是刻板重复的行为和狭窄的兴趣。社交沟通包括社交互动，社会认知，语用和语言处理（American Speech-Language-Hearing Association, 2018）。要了解社交沟通障碍的本质，我们就必须确定组成社交沟通的这些成分中哪些是受损的，哪些是完好的，哪个或者哪些成分的受损又最终导致了整体的障碍。我们的研究表明，自闭症儿童的社会认知能力是受损的。社会认知能力很大程度上取决于我们能够在特定社交环境中根据他人的心理状态去理解他人的行为。本研究中得到的典型儿童和自闭症儿童眼睛注视模式的对比差异清楚地显示自闭症儿童使用社会信息去理解他人行为的能力存在缺失。建立典型儿童和自闭症儿童发育过程中社交沟通能力各个组成成分之间的关联互动模型是未来研究的一个重要方向。

当然，我们也需要指出，尽管我们的研究拓展了自闭症儿童心智理论的研究领域，但和之前的研究一样，该研究中自闭症儿童样本具有很高的言语能力，并不能代表更广泛的谱系样本（例如，我们的样本不包含少言语的自闭症儿童）。因此，在把相关结论推广到整体谱系时需要谨慎。今后，我们需要进一步研究心智理论在少言语的自闭症儿童中的发展情况。此外，本研究中观察到的眼睛注视模式是基于22名学龄前自闭症儿童的。为了进一步确认得到的眼睛注视模式，未来需要进行基于更大样本量的研究。

到目前为止，我们介绍了四项研究，分别考察了学龄前典型儿童和自闭症儿童在句子加工过程中对动词信息的使用、对编码在形态句法标记中的抽象语义信息的使用、对与说话人交际意图相关的韵律信息的使用，以及在特定社会场景中使用社会信息进行推理的能力。研究结果显示，学龄前典型儿童可以快速有效地利用这四类不同的语言信息，学龄前自闭症儿童运用动词信息和形态句法标记中抽象语义信息的能力保存相对完好，但他们使用韵律信息和使用社会信息进行推理的能力严重受损。使用韵律信息理解说话人交际意图的能力以及使用社会信息进行社会推理的能力都直接和自闭症的核心症状即社交沟通障碍相关联，而他们使用动词语义信息和形态句法信息的能力与典型儿童接近，这表明自闭症儿童的核心语言理解能力保存相对完好，至少在与社交沟通和社会认知能力没有直接关联的语言理解能力部分没有明显的缺失。通过在这四项研究中典型儿童和自闭症儿童表现的对比，我们发现和典型儿童一样，自闭症儿童具备利用动词语义、形态句法等语言信息对事件进行推测的能力，但他们不能像典型儿童一样，通过有效使用社会信息进行社会推论，表明自闭症儿童的社会认知能力与语言理解能力之间存在不对称性。

我们会在最后一章详细讨论典型儿童与自闭症儿童语言加工的异同，探讨自闭症儿童语言理解能力受损和保存完好的部分，语言理解与其他认知能力之间的关系，并构建儿童语言加工的模型。为了建构儿童语言加工模型，我们需要进一步讨论核心认知能力（例如，工作记忆）等在儿童语言加工中的作用。所以，在下一章我们将考察工作记忆在儿童加工复杂句子结构（即花园路径结构，garden-path constructions）中的作用，且我们主要关注学龄前典型儿童，对自闭症儿童的考察将在今后的研究中进行。

6. 儿童对花园路径结构的理解

6.1 研究问题

我们在引言部分已经讨论，过去对成人句子加工的研究表明他们在理解一个句子时可以利用不同的语言和非语言信息，渐进式地建构句子的句法和语义表征，该特征通常被称为句子加工的渐进式特点（incrementality）（Altmann & Kamide, 1999, 2007; DeLong et al., 2005; Ferreira, 2003; Ferreira & Clifton, 1986; Ferreira & Lowder, 2016; Frazier, 1979, 1987, 1989; Kamide et al., 2003a, 2003b; Pickering et al., 2000; Staub & Clifton, 2006; Tanenhaus et al., 1995; Trueswell et al., 1994; Van Berkum et al., 2005; Zhan, 2018）。也就是说，成人句子加工装置不会为了等待获取足够对句子进行准确解读的信息而推迟对句子结构和语义的分析。相反，它会主动运用已处理的语言信息来形成一个单一的动态表征，并利用该表征对之后出现的语言信息进行预测。

然而，对于有临时歧义（temporal ambiguity）的句子，这样的加工方式可能就会导致错误解读的产生。因此，为了能正确理解该类句子就需要之后对临时错误的解读进行修正（revision）或重新分析（reanalysis）。该类句子通常被称作花园路径结构。

（16）The horse raced past the barn fell.

句子（16）是一个经典的花园路径结构。在加工（16）这样的句子时，成人句子加工装置在遇到最后一个词 fell 之前，对短语 raced past the barn 有两种可能的句法分析：一种是把它分析成 the horse raced past the barn 的谓语，另一种是把它分析成主语 the horse 的后置定语，修饰 the horse。但当句子加工装置遇到消歧点（即动词 fell）时，谓语分析便不再合理，后置定语分析成为该短语唯一可能的分析。此时，（16）的临时歧义便得到了解决。前人研究发现，尽管成人在阅读该类结构时能够产生两种临时分析，但他们倾向于把谓语分析作为短语 raced past the barn 的初始解读，之后遇到消歧词 fell 时再将其重新分析为主语的后置定语（Frazier, 1979; Frazier & Rayner, 1982）。

为了解释句子加工装置的初始偏好和随后的重新分析，学界提出了不同的理论。例如，花园路径理论（garden-path theory）认为，句子加工装置主要根据句法结构来分析句子，句法分析无须涉及非句法层面的信息（Ferreira & Clifton, 1986; Frazier, 1979, 1987, 1989; Frazier & Rayner, 1982）。花园路径理论本质上是句法驱动的，但该理论并不否认句子加工中非句法信息的重要性，而是认为在句法加工的某些阶段句法和非句法信息是分离的（Frazier & Rayner, 1982; Traxler, 2002, 2005; Van Gompel & Pickering, 2007）。而其他理论，例如基于限制条件的理论（constraint-based theory）（Boland et al., 1990; MacDonald, 1994; Taraban & McClelland, 1988; Trueswell et al., 1994），指称理论（referential theory）（Crain & Steedman, 1985）以及"差不多"假说（good-enough hypothesis）（Ferreira, 2003; Ferreira & Lowder, 2016）提出句子加工装置的初始分析便融合了不同类别的信息，如句法结构、动词次范畴和指称/语境等信息，这些不同类别的信息交互作用，形成对句子的分析。例如，Tanenhaus et al.（1995）的研究支持了基于限制条件的理论和指称理论。Tanenhaus et al.（1995）发现，相较于没有相关语境支持，在有语境支持后置定语分析的条件下，英语母语成人要显著更少地将（17）句中的介词短语 on the towel 错误地分析为动词 put 的目标地点。

（17）Put the apple on the towel in the box.

我们再简要回顾已有研究对儿童句子加工的考察，看看儿童是否能够和成人一样渐进式地建构句子的句法和语义表征。在本书引言部分已经讨论，近年来有越来越多的研究表明，当儿童听到句子时，他们也会渐进式地建构其句法和语义表征（Andreu et al., 2013; Choi & Trueswell, 2010; Fernald et al., 2008; Lew-Williams & Fernald, 2007; Nation et al., 2003; Omaki, 2010; Özge et al., 2015, 2019; Sekerina & Trueswell, 2012; Trueswell et al., 1999; Van Heughten & Shi, 2009; Zhou et al., 2014, 2018）。但研究也发现，尽管儿童也是渐进地加工句子，但他们却不能和成人一样在形成最初解读的过程中利用指称/语境信息（Choi & Trueswell, 2010; Kidd & Bavin, 2005, 2007; Kidd et al., 2011; Lassotta et al., 2016; Omaki et al., 2014; Snedeker & Trueswell, 2004; Trueswell et al., 1999; Weighall, 2008；不同观点可见 Meroni & Crain, 2003）。此外，在处理具有临时歧义的句子时，即使儿童听到句中的消歧信息，他们也很难利用该信息去修正他们的初始解读。例如，Trueswell et al.（1999）使用了类似 Tanenhaus et al.（1995）所使用的测试句，如（18），来考察英语母语儿童能否使用语境中的指称信息来正确理解花园路径结构。

（18）Put the frog on the napkin in the box.

Trueswell et al.（1999）采集了在线眼动数据和离线行为数据。研究结果表明，无论是在有一个指称对象的场景（例如，场景中只有一只青蛙）还是在有两个指称对象的场景（例如，场景中有两只青蛙，一只在 napkin 上，一只在 towel 上），儿童都倾向于把第一个介词短语 on the napkin 错误地理解为动词 put 的目标地点。当听到正确的目标地点 in the box 时，儿童不能纠正其错误的初始解读。儿童的这种解读倾向可以通过他们对错误目标地点的频繁眼睛注视和把青蛙放到错误目标地点的离线行为得到很好的验证。Trueswell et al.（1999）的研究结果通常被作为儿童在分析花园路径结构时不能利用语境信息和不能成功进行重新分析的证据。在另一项研究中，Kidd et al.（2011）

考察了 5 岁英语母语儿童能否利用句末名词短语的语义信息来修正其初始解读，对句子进行重新分析。以（19）为例。在（19）中，动词 cut 倾向于选择介词 with 之后的名词短语作为其工具，该特征会导致句子加工装置最初分析该结构时把含 with 的介词短语当作动词 cut 的修饰语。但显然名词短语 the candle 作为动词 cut 的工具在语义上不合理（即 # cut the cake using the candle，符号 # 表示语义不合理）。这种语义上的不合理应该可以触发句子加工装置对含 with 的介词短语进行重新分析，即把它从动词 cut 的修饰语修正成名词短语 the cake 的后置修饰语（即 the cake with the candle）。Kidd et al.（2011）发现，当给 5 岁的英语母语儿童呈现像（19）这样的句子时，他们并不能利用我们刚才所讨论的这种语义的不合理信息来修正他们的初始解读，即他们把含 with 的介词短语错误地分析成动词 cut 的修饰语。

（19）Cut the cake with the candle.

除了聚焦英语母语儿童的研究外，Choi & Trueswell（2010）考察了 4 到 5 岁的韩语母语儿童是否能够利用（20）这样的句子的句末动词的题元角色信息来修正他们错误的初始解读。韩语是一个以"主语—宾语—动词"为语序的语言。在（20）中，格标记 ey 既可以作为一个地点标记，表示动词的目标地点，也可以作为一个属格标记，表示被标记的名词充当后面出现的名词短语的修饰语。然而，诸如 cipu（捡）之类的动词无法给其前面的介词短语赋予目标地点的题元角色。因此，当遇到这类动词时，句子加工装置就摒弃了将其前面的介词短语分析为动词的目标地点的这种分析，而只将其分析为其后面的名词短语的修饰语。Choi & Trueswell（2010）发现，虽然儿童和成人最初都偏向把（20）中的 naypkhin（纸巾）一词分析为动词的目标地点，但成人可以利用句末动词的题元角色信息将 naypkhin 重新分析为名词修饰语，而儿童不能使用该信息来修正其初始分析。

（20）Naypkhin-ey　　　　kaykwuli-lul　　　cipu-sey-yo.
　　　napkin-Loc/Gen　　　frog-Acc　　　　pick up-Hon-SE
　　　'Pick up the frog on the napkin.'

有学者提出，儿童在理解花园路径结构时，造成他们重新分析困难的一个潜在认知因素是他们不成熟的抑制控制能力（Choi & Trueswell, 2010; Kidd et al., 2011; Mazuka et al., 2009; Novick et al., 2005; Omaki et al., 2014; Trueswell et al., 1999; Weighall, 2008; Woodard et al., 2016；不同观点可见 Huang & Hollister, 2019）。例如，Novick et al.（2005）提出重新分析和抑制控制能力紧密关联。由于儿童的抑制控制能力尚不成熟，当他们渐进式地分析一个句子建立临时表征后，他们不能利用后面遇到的语言信息来抑制该临时表征。Woodard et al.（2016）考察了4到5岁的英语母语儿童的抑制控制能力与他们对花园路径结构［例如（18）］进行重新分析的能力之间的关系。Woodard et al.（2016）发现，儿童对花园路径结构的重新分析能力与其抑制控制能力呈正相关。该结果为这两者之间的紧密关联提供了实证支持。

另一个导致儿童重新分析困难的潜在认知因素是他们有限的工作记忆水平（Choi & Trueswell, 2010; Kidd et al., 2011; Trueswell et al., 1999; Weighall, 2008; 不同观点可见 Woodard et al., 2016）。一些研究者构建了理论模型探讨工作记忆水平如何与重新分析能力相关联（Just & Carpenter, 1992; Lewis & Vasishth, 2005; Lewis et al., 2006）。例如，Just & Carpenter（1992）提出，对句子进行重新分析涉及工作记忆中的两个成分：存储（storage）和加工（processing）。存储和加工同享一个资源池。当遇到歧义词时，句子加工装置首先会将多个解读存储在工作记忆中，而这样的操作会消耗额外的工作记忆资源。在句子分析持续进行的过程中，如果余下的工作记忆资源不足以用来加工句子的剩余成分，那么句子加工装置就不得不把原先存储的不被偏好的解读从工作记忆中移除。如果该不被偏好的解读在消歧点之前被移除，而之后在重新分析时却需要被再次提取出来，这就会导致进行重新分析时的加工困难。Lewis & Vasishth（2005）和 Lewis et al.（2006）提出了一个基于激活的理论模型（activation-based model）。在这个并行加工（parallel processing）模型中，当遇到歧义词时，句子加工装置会激活其中被偏好的某种解读，而其他的解读便开始衰退。在该模型中，对句子进行重新分析之所以消耗工作记忆资源，是因为当遇到消歧信息时，句子加工装置必须停用最初偏好的错误解读，与此同时，它需要重新激活在歧义词出现后开始衰退的正确解读。

简单概括一下，以上所讨论的这两个理论模型都假定工作记忆水平低的人会在对句子进行重新分析的过程中遇到更多的加工困难。此外，这两个理论模型都认为，歧义词和消歧点之间的线性距离与重新分析花园路径结构的困难程度呈正相关。当歧义词和消歧点相邻时，两者之间的线性距离最短，此时重新分析的困难也就最小。根据 Just & Carpenter（1992）的理论，当歧义词和消歧点之间的线性距离变长时，加工负担也随之增加。由于存储和加工共享一个资源池，加工负担的增加会自动占用更多原本用来存储不被偏好的解读的资源。因此，句子加工装置也更有可能在遇到消歧点之前就把这种不被偏好的解读从工作记忆中移除，从而导致重新分析变得更加困难。相反，如果歧义词和消歧点相邻，则在句子加工装置把不同解读存储进工作记忆之后的很短时间内，重新分析就开始了，这就可以把存储不被偏好的解读的加工负担降到最低。在该情形下，重新分析开始时，不被偏好的解读仍有可能还存储在工作记忆中，这就可以大大降低重新分析过程中对该解读进行提取的难度。

同样，在 Lewis et al.（2006）的基于激活的理论模型中，歧义词和消歧点之间的线性距离越长就会导致不被偏好的正确解读的衰退时间越长。为了在消歧点处重新激活已经衰退的正确解读，更多工作记忆资源需要被消耗，重新分析就变得更为困难。相反，如果歧义词和消歧点相邻，那么不被偏好的正确解读的衰退时间就会大幅缩短，其重新激活所消耗的工作记忆资源也会随之大幅度减少。因此，在该情况下，重新分析的难度也就显著降低了。

过去对成人句子加工的考察已经证实了线性距离长短和对花园路径结构进行重新分析的困难程度之间的这种关联（Tabor & Hutchins, 2004; Van Dyke & Lewis, 2003）。

尽管目前仍缺乏从儿童加工花园路径结构的视角对以上两种理论模型的检验，但基于这两种理论，我们可以对儿童加工花园路径结构的表现做出非常清晰的预测。具体来说，根据这两种理论，与成人相比，儿童在对花园路径结构进行重新分析时应该会表现出更大的加工困难，因为他们相对成人而言，工作记忆水平更受限（Case et al., 1982; Gathercole et al., 2004）。此外，如果歧义词和消歧点相邻，由两者之间线性距离所产生的工作记忆负担会降至最低，那么重新分析的困难程度也会显著降低。基于这两个工作记忆模型，本研究的目标是考察儿童在歧义词和消歧点相邻时能否修正他们对花园路径结构的初始解读，成功进行重新分析。

当前考察儿童加工花园路径结构的研究主要关注造成歧义的成分的属性对加工的影响（Choi & Trueswell, 2010; Kidd et al., 2011; Trueswell et al., 1999）。在这些研究中，儿童的初始解读要么是由动词的论元结构造成的，包括：（1）动词的题元角色分配［例如，动词 put 通常带一个名词短语作为其主体（theme），带一个介词短语作为其目标地点］，（2）动词对其论元的语义选择倾向（例如，动词 cut 倾向选择含 with 的介词短语作为其工具）；要么是由格标记的语义倾向造成的（例如，韩语的格标记 ey 更倾向于充当目标地点的标记而不是属格标记）。以往研究很少关注儿童在加工歧义词和消歧点相邻的花园路径结构时是否能够修正他们的初始解读，成功进行重新分析。此外，大部分研究关注的都是英语母语儿童，只有少数研究考察母语为其他语言的儿童［Choi & Trueswell（2010）考察了韩语母语儿童，Özge et al.（2015）考察了土耳其语母语儿童］。为了检验在英语母语儿童中发现的加工特征是否适用于其他不同语言背景的儿童，跨语言的视角是非常有必要的。

本研究从跨语言的视角出发，考察学龄前汉语普通话儿童对花园路径结构的实时加工。汉语普通话非常合适用来考察该问题。下面我们进行详细说明。汉语普通话的花园路径结构主要和"的"字相关（Lee, 2006）。我们用示例（21）来进行说明。该句有如下结构："NP1 + Modal + Verb + NP2 + 的 + NP3"（名词短语 1 + 情态动词 + 主动词 + 名词短语 2 + 的 + 名词短语 3）。其中"的"是一个领属标记，所以"NP2 + 的 + NP3"表示一个领属关系；NP2 是一个有生命的占有者（例如，小狗）；NP3 是一个无生命的被占有者（例如，皮球）。动词"踢"是造成错误初始解读的歧义点，因为它既可以后接一个有生命的名词，也可以后接一个无生命的名词作为其补足语，所以在（21）中，NP2"小狗"是动词合理的补足语。如果句子加工装置渐进式地对句子结构和语义进行分析，那么在听到动词"踢"之后领属标记"的"之前，它可能会将"NP1 + Modal + Verb + NP2"理解为一个完整的句子，如（22）所示。换言之，句子加工装置在处理（21）时，最初可能把 NP2"小狗"分析成动词"踢"的宾语，而不是真正宾语"小狗的皮球"的修饰语。在（21）中，领属标记"的"是消歧点（也是重新分析的触发点），且它与 NP2"小狗"相邻。句子加工装置在接收到"的"时，它需要修正对 NP2"小狗"最初的错误分析（即动词"踢"的宾语），并将其重新分析为真正宾语"小狗的皮球"的修饰语。

（21）小猫要去踢小狗的皮球。
（22）小猫要去踢小狗。

我们需要指出的是，本研究只关注像（21）这样的花园路径结构，而不考察与定语从句相关的花园路径结构，例如，三本学生不喜欢的书 vs. 三个学生不喜欢的书。不考察此类更为复杂的结构的原因主要有两点：第一，已有的研究发现学龄前汉语普通话儿童加工复杂的定语从句已经存在很大的困难（Hu et al., 2016a, 2016b），因此，如果我们把定语从句和花园路径结构放在同一个句子中，这会给儿童造成更大的加工困难，非常不利于我们考察线性距离和加工花园路径结构之间的关系；第二，从实验设计的角度去考量，带有定语从句的花园路径结构由于其句法和语义的复杂性，我们很难在眼动追踪的视觉–情境范式中设计出适合学龄前儿童的视觉图像刺激。

　　在讨论正式实验之前，我们再来对比一下汉语普通话的领属标记"的"和英语的领属标记's（例如，John's apple 中的's）。相较于英语中的领属标记's，汉语普通话的"的"更适合用来实验探究花园路径效应。主要基于两个因素。第一，尽管"的"和's均受到前一个语素协同发音（coarticulation）的影响，但是"的"在发音上可以相对独立于前后的语素，具有更高的声学辨识度。换言之，汉语普通话母语者可以选择不对"的"进行协同发音，在该情况下，句子的自然度是不会受到影响的。但是，英语的's必须和出现在它之前的语素协同发音（即's在非咝擦清辅音后发/s/，在非咝擦浊辅音后发/z/）。"的"的声学特征让我们可以在视觉–情境实验中设置非常清晰的时间窗口来分析眼动数据。第二，研究发现，学龄前英语母语儿童在习得像 ed 和's这样的功能性语素时会呈现出显著的困难。这些语素相较于其相邻的语素时长更短，发音更弱，因此对它们进行感知的时候需要消耗更多的加工资源，而学龄前儿童的加工资源又是有限的（Leonard, 2014; Leonard et al., 1992, 1997）。相反，基于上文所讨论的汉语普通话"的"的声学特征，我们认为对"的"的感知不会对学龄前汉语普通话儿童造成太大的困难。事实上，之前的研究已经发现汉语普通话儿童自2岁起便开始使用"的"作为领属标记（孔令达等，1990；李宇明，2004），在4岁时便习得了"的"字领属结构的句法和语义特征了（Shi & Zhou, 2018）。

　　本研究利用汉语普通话"的"的属性来考察儿童对花园路径结构的实时加工。我们尤其感兴趣的问题是：当花园路径结构中的歧义词和消歧点相邻时，学龄前儿童是否能够修正其错误的初始解读，成功进行重新分析。

　　在之前的研究中，歧义词和消歧点并不相邻，因此两者之间的线性距离较长。例如，在 Trueswell et al.（1999）的花园路径结构［见例（18）］中，歧义词 on 和消歧点 in 之间隔了两个词语。同样，在 Choi & Trueswell（2010）

的韩语花园路径结构中［见例（20）］，造成歧义的格标记 ey 与消歧的动词之间也有两个成分。由于儿童工作记忆水平受限，相对较长的线性距离可能会对他们造成更多的加工困难。

为了尽可能减少工作记忆负担给儿童带来的对句子进行重新分析的困难，本研究使用（21）这样的花园路径结构。在该结构中，消歧点"的"与歧义词（例如，小狗）相邻，这使得两者之间的线性距离变得最短。根据 Just & Carpenter（1992）和 Lewis et al.（2006）的理论模型，通过减少歧义词和消歧点之间的线性距离就可以减少工作记忆的负担，从而显著降低加工的难度。具体来说，本研究考察 4 到 5 岁汉语普通话儿童在重新分析难度降至最低时，能否像成人一样加工花园路径结构。该研究是首个考察汉语普通话儿童实时加工花园路径结构的实验研究。

6.2 研究方法

6.2.1 受试信息

受试为 25 名 4 岁（年龄范围 4;1—4;11，平均年龄 4;6）和 25 名 5 岁（年龄范围 5;1—5;10，平均年龄 5;6）的汉语普通话典型儿童。他们招募自北京桃李芳园艺术幼儿园，均无任何听力和言语障碍。此外，我们招募了 30 名汉语普通话成人作为控制组（年龄范围 18—24 岁，平均年龄 20 岁）。他们均为清华大学本科学生，无任何听力和言语障碍。4 名 4 岁儿童由于紧张没有完成测试。4 名 5 岁儿童和 3 名成人没有进入正式测试环节，因为我们无法在眼动仪上对其进行校准。其余受试均成功完成了测试，其眼动数据都纳入最终的分析。该研究由清华大学医学伦理委员会批准（研究编号 20170018）。

6.2.2 实验材料和设计

该实验任务共有 8 个测试项，每个测试项由一张图片和一个测试句组成。所有的测试句都有（21）这样的结构："NP1 + Modal + Verb + NP2 + 的 + NP3"

[这里重复为例（23）]。所有测试句都使用相同的结构表将来事件，为了描述的方便用英文 Modal 来表示该结构。测试句的主动词（Verb）均为单音节词，既可以后接一个有生命的物体，也可以后接一个无生命的物体作为其补足语（例如，"踢"）。领属标记"的"也是一个固定成分，"NP2 + 的 + NP3"表示一个领属关系，其中 NP2 是一个有生命的占有者（例如，小狗），NP3 是一个无生命的被占有者（例如，皮球）。测试句中所有的名词短语（包括 NP1、NP2、NP3）均为双音节词。每一张图片刺激材料中都有 5 个实体，包括对应测试句中 NP1 的动物（例如，图 21 中的小猫）和两个领属关系对 [其中一个是目标领属对（target possessor-possessee pair），另一个是对比领属对（contrast possessor-possessee pair）]。目标领属对（例如，图 21 中左侧的两个实体）分别对应 NP2（例如，小狗）和"NP2 + 的 + NP3"（例如，小狗的皮球）。其中，NP2 是测试句宾语"NP2 + 的 + NP3"的修饰语。我们把这两个区域分别命名为目标修饰语区域（target modifier area，如包含小狗的区域）和目标宾语区域（target object area，如包含小狗的皮球的区域）。对比领属对也表示一个包含占有者和被占有者的修饰关系（例如，图 21 右侧的小鸡和小鸡的皮球）。我们把这两个区域分别命名为对比修饰语区域（contrast modifier area，如包含小鸡的区域）和对比宾语区域（contrast object area，如包含小鸡的皮球的区域）。

（23）小猫要去踢小狗的皮球。

在图片刺激材料中，领属关系的建立是通过将占有者（例如，小狗）的头像图标画在被占有物体（例如，小狗的皮球）上来实现的。对应测试句中 NP1 的动物永远出现在图片刺激的中央，而对应两个领属对（即目标领属对和对比领属对）的四个实体在所有图片刺激中的位置是平衡分布的。

此外，我们还在实验中加入 8 个控制项和 8 个填充项。和测试项一样，每个控制项和填充项都包含一张图片和一个句子。控制项和填充项的图片刺

图 21：实验中的图片刺激材料示例（引自 Zhou et al., 2021）

激和测试项类似。控制句有如下结构："NP1 + Modal + Verb + NP2 + Adverb"（名词短语1 + 情态动词 + 主动词 + 名词短语2 + 副词）。控制句中所有名词短语与测试句一样均为双音节词，所有控制句都使用相同的结构"要去"，都使用同一个副词"一下"，见例（24）。在该句中，"小狗"是动词"踢"的宾语，所以不涉及重新分析。我们把（24）这样的控制结构作为和测试句比较的一个基线，因为该结构和测试句在消歧点之前的结构完全相同，但又不涉及引起歧义的花园路径。通过比较受试在该控制结构与测试句条件下的眼动轨迹，我们就可以清楚地知道他们是否因为随机原因或者某种视觉偏好而把眼睛注视点从图片刺激的某个区域移动到另一个区域。该控制结构可以作为检测实验变量是否起作用的良好基线。填充句的结构如下："NP1 + Modal + Verb + NP2 + 和 + NP3"（名词短语1 + 情态动词 + 主动词 + 名词短语2 + 和 + 名词短语3），见例（25）。在该结构中，"NP2 + 和 + NP3"是一个并列短语。测试、控制和填充项以随机顺序呈现给受试。所有的测试结构见附录 D。

（24）小鸡要去踢小狗一下。
（25）小鹿要去踢小羊和椅子。

6.2.3 测试句的录制

测试句由一名说普通话的女性录制。录制时要求发音人用儿向语的方式朗读这些句子。为了确保不同句中每个成分的韵律特征（例如，时长和声调）保持一致，我们使用 Praat 软件对录制的原始句子进行编辑。在编辑时，对每一个成分，我们只选取其中的一个录制样本，并将它用在所有包含该成分的句子中。例如，所有句子（包括测试句、控制句和填充句）都使用了"要去"的同一个样本；所有测试句都使用了领属标记"的"的同一个样本；所有控制句都使用了副词"一下"的同一个样本。该操作是为了更好地控制韵律信息对句子加工的影响。此外，为了给句中每个成分建立清晰的时间分析窗口，我们在每个成分之间加入了停顿，并且加入该停顿后，不同句子中的同一个成分都有相同长度的时间分析窗口：NP1（2500 ms），Modal（1500 ms），Verb（1500 ms），NP2（1500 ms），的（1200 ms），和（1200 ms），NP3（1800 ms），Adverb（3000 ms）。换言之，每个时间窗口都包含句中的一个成分和一个插入的停顿。表 17 给出了测试句中每个时间窗口的时长分析。为了确保测试句、控制句和填充句的韵律模式一致，我们在控制句和填充句中也插入了停顿。唯一的区别在于，语素"的"只出现在测试句中，副词"一下"只出现在控制句中，而连词"和"只出现在填充句中。所有句子的时长均为 10s。

表 17：测试句中每个时间窗口的时长分析（括号中为标准差）

时间窗口时长	成分时长	插入停顿时长
2500 ms	名词短语 1：866 ms（74）	1634 ms
1500 ms	情态动词（要去）：860 ms（0）	640 ms
1500 ms	主动词：506 ms（30）	994 ms
1500 ms	名词短语 2：929 ms（66）	571 ms

续表

时间窗口时长	成分时长	插入停顿时长
1200 ms	的：346 ms（0）	854 ms
1800 ms	名词短语3：807 ms（126）	993 ms

注：每个时间窗口都包含句中的一个成分和一个插入的停顿；所有的测试句都使用了"要去"的同一个样本，并且都使用了领属标记"的"的同一个样本。

为了检验我们所编辑的测试句和控制句的自然度，我们对20名汉语普通话成人（8名男性，12名女性；年龄范围19—27岁，平均年龄23岁）做了问卷调查。在问卷调查中，我们请20名受试在5度李克特量表（Likert scale）上对测试句和控制句的自然度打分。在问卷中，5表示最自然，1表示最不自然。调查结果显示，测试句的平均自然度分数为4.24（$SD = 0.90$），控制句的平均自然度分数为4.36（$SD = 0.85$），两者在自然度评分中没有呈现出统计上的显著性差异（$p = 0.10$），表明测试句和控制句都是同等自然、清晰和可辨识的。

6.2.4 实验程序

实验采用眼动追踪的视觉-情境范式。受试在看电脑屏幕上呈现的图片刺激材料（如图21）的同时听到一个测试句[如例（23）]。受试眼睛和电脑屏幕之间的距离一般是60cm。测试句一般在图片呈现后的500 ms出现，我们用EyeLink 1000 plus眼动仪的遥测功能记录受试的眼动情况，采样率使用500Hz（双眼），空间分辨率为0.01°，精度是0.5°。实验任务不要求受试对实验材料进行任何主观反馈，从而最大限度地减轻实验任务负担和交际需求。受试只需要看图片听句子，遥测眼动仪记录他们处理听觉语言信息时在图片上的自发性眼动轨迹。

在正式实验前，我们有一个介绍环节。该环节的目的是让受试熟悉实验任务和图片刺激材料中出现的物体。同时，受试也被告知，如果物体上有动物头像的图标，则说明该动物拥有此物体。实验在介绍环节之后正式开始。测试句在图片刺激出现后的 500ms 开始播放。我们从句子出现开始记录受试眼动情况直到句子结束，共记录 10s。

6.2.5 实验预期

如果受试渐进式地对句子结构和其语义进行分析，那么在他们听到动词"踢"之后、领属标记"的"之前，可能首先会将"NP1 + Modal + Verb + NP2"分析成一个完整的句子，意为"小猫要去踢小狗"。换言之，在加工（23）时，受试最初会将 NP2"小狗"分析为动词"踢"的宾语，而不是真正宾语"小狗的皮球"的修饰语。这样的分析过程会让受试在听到动词"踢"之后、领属标记"的"之前，更多地看向图 21 中的小狗（目标修饰语区域）。领属标记"的"是消歧点（即重新分析的触发点）。在听到"的"时，受试需要修正对 NP2"小狗"的初始分析，将其重新分析为宾语"小狗的皮球"的修饰语。这种重新分析的过程会引导受试将眼睛注视从图 21 中的小狗移至小狗的皮球（目标宾语区域）。由此，我们预测，在听到"的"字后，受试对目标宾语区域的眼动注视会显著增加，而对目标修饰语区域的眼动注视会显著减少。如上文所讨论的，为了测量受试在多大程度上是因为随机原因或者某种视觉偏好而把眼睛注视点从图片刺激的某个区域移动到另一个区域，我们采用（24）这样的句子作为基线控制条件。如果受试能修正其初始解读，成功对花园路径结构进行重新分析，那么他们听到控制句中的"一下"［见（24）］时比听到测试句中的"的"［见（23）］时，要更多地看向目标修饰语区域（例如，图 21 中的小狗）；而在目标宾语区域（例如，图 21 中的小狗的皮球），他们应该呈现和在目标修饰语区域相反的注视模式。具体来说，听到测试句中的"的"比听到控制句中的"一下"，会使受试更多地看向目标宾语区域。

6.3 研究结果

为了分析眼动数据，我们首先在图片刺激材料中定义了五个相同大小的兴趣区：施事者区域（对应句中的NP1）、目标修饰语区域（对应句中的NP2）、目标宾语区域（对应句中的"NP2 + 的 + NP3"）、对比修饰语区域、对比宾语区域。对比修饰语和对比宾语区域对应图片刺激材料中另一个领属对。如"6.2.2 实验材料和设计"部分所讨论的，在给出的测试项示例中，五个兴趣区分别为小猫（施事者区域）、小狗（目标修饰语区域）、小狗的皮球（目标宾语区域）、小鸡（对比修饰语区域）、小鸡的皮球（对比宾语区域）。

在准备眼动数据时，我们删除了没有检测到受试眼动数据的样本（例如，当他们眨眼时的样本）。这一步骤影响了大约10%的数据。为了减少统计比较的次数，我们将眼动数据降采样为一系列时间窗口，每个时间窗口的时长为 50 ms。之后我们计算了每名受试在听到每个实验项时，在每个时间窗口下在每个兴趣区的注视点比率。我们采用的眼动指标是眼睛在某个特定时间窗口（以毫秒计算）在某个特定兴趣区的注视点比率。我们在前文已经讨论，如果我们在某个特定时间窗口记录到了 5 个注视点，其中有 2 个注视点落在兴趣区，那么在这个特定时间窗口该兴趣区的注视点比率是 2/5。

为了更直观地展示数据，我们把前面计算的所有受试和所有实验项上得出的注视点比率根据年龄组和实验条件进行了平均，结果见图22。在图中，实线和虚线分别代表测试句和控制句，左列和右列分别给出的是受试在目标修饰语区域和目标宾语区域的平均注视点比率。如图22左列所示，所有三个年龄组的受试在听到控制句中的副词"一下"时比在听到测试句中的领属标记"的"时，要更多地看向目标修饰语区域。而如图22右列所示，所有三组受试在目标宾语区域呈现了相反的眼动模式：所有三个组在听到测试句中的"的"时比在听到控制句中的"一下"时，要更多地看向该区域。该结果与我们的预期一致：听到领属标记"的"（消歧点）时，三组受试都把眼睛注视从目标修饰语区域移到了目标宾语区域，表明4岁和5岁儿童可以跟成人一样，利用领属标记"的"的信息来修正他们错误的初始解读，对花园路径结构进行重新分析。

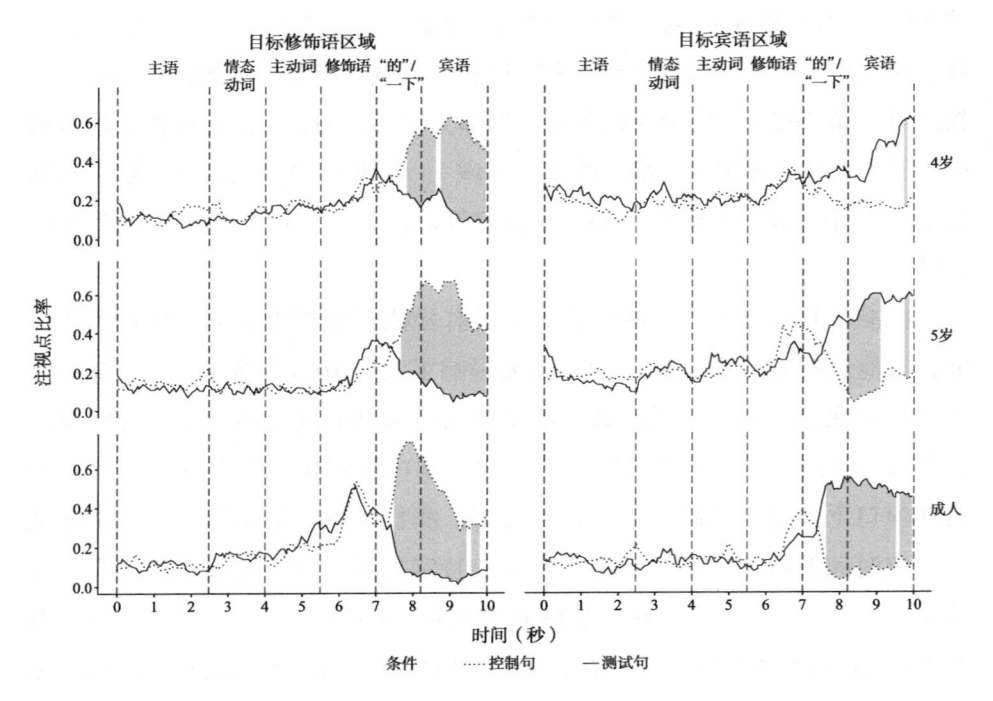

图22：4岁儿童（上）、5岁儿童（中）和成人（下）在目标修饰语区域和目标宾语区域的平均注视点比率

注：为了更直观地展示数据，y-轴给出的是原始的平均注视点比率，而不是经过logit公式转化后的数据。灰色阴影区域表示测试句和作为基线的控制句在 $p < .05$（Bonferroni校正 p 值）的水平上差异显著。

为了从统计上验证这些眼动模式，我们通过empirical logit公式把注视点比率进行logit转换（Barr, 2008：$probability = ln((y + 0.5) / (n - y + 0.5))$），在这个转换公式中，$y$ 指的是在某个特定时间窗口在某个特定兴趣区的注视

点个数，n 指的是在该特定时间窗口总的注视点个数。为了把测试条件和基线控制条件进行对比，我们用线性混合效应模型对转换后的数据进行拟合。我们使用的 LMM 模型包含一个固定变量，即实验条件（condition），和两个随机变量，即测试项和受试。该模型是 Barr et al.（2013）所建议的最大化模型，公式如下：*Transformed-Proportion ~ 1 + condition + (1 + condition | participant) + (1 + condition | trial)*。数据拟合的过程主要通过 Julia 语言（Bezanson et al., 2017）中的 MixedModels（Bates et al., 2019）来实现。我们随后对得到的 p 值进行了 Bonferroni 校正，即把得到的 p 值乘以在某个特定兴趣区和某个特定年龄组的比较次数。图 22 总结了该统计模型的结果，其中灰色阴影区域表示两个实验条件下（测试句和作为基线的控制句）在 Bonferroni 校正 $p < .05$ 的水平上差异显著。该统计结果验证了我们所观察到的眼动模式。需要注意的是，为了更直观地展示数据，图 22 中 y-轴给出的是原始的平均注视点比率，而不是经过 logit 公式转化后的数据。

为了从统计上分析不同年龄组呈现出相关效应的潜伏期（latency），我们首先使用 LMM 模型来确定每名受试在每个兴趣区出现相关效应的潜伏期，使用的公式如下：*Transformed-Proportion ~ 1 + condition + (1 | trial)*。然后，我们使用 LMM 模型（*Latency ~ 1 + age group + (1 | participant)*）来比较每名受试在每个兴趣区出现相关效应的潜伏期。以 5 岁儿童作为比较的基线，我们发现 5 岁儿童在目标宾语区域呈现出相关效应的时间要显著早于 4 岁儿童（8.25s vs. 9.65s, $b = 14.78$, $z = 3.13$, $p < .01$）。但和成人相比，5 岁儿童呈现出相关效应的时间要显著更晚（7.65s vs. 8.25s, $b = -10.59$, $z = -2.92$, $p < .01$）。该分析结果表明，在利用领属标记"的"提供的信息对花园路径结构进行重新分析的过程中，年龄较小的儿童比年龄较大的儿童要花费更长的时间，而年龄较大的儿童又比成人要花费更长的时间。

6.4 讨论

本研究利用汉语普通话"的"的属性来考察 4 到 5 岁儿童对花园路径结构的实时理解。实验获得的眼睛注视模式清楚地表明，和成人一样，4 岁和 5 岁的汉语普通话儿童在分析花园路径结构时会形成一个错误的初始解读，之后当听到句中的消歧点"的"时，他们能够修正其错误的初始解读，成功地进行重新分析。本研究是首个考察汉语普通话儿童实时加工花园路径结构的实验研究。本研究也首次发现，学龄前汉语普通话儿童能够成功对花园路径结构进行重新分析。前人研究发现，5 到 8 岁儿童在加工涉及临时歧义的填充语-空位依存句（filler-gap sentences）时能够修正他们错误的初始分析（Özge et al., 2015）。本研究的实验数据和前人的研究结果是一致的。

我们如何来解释本研究中学龄前儿童可以成功对花园路径结构进行重新分析，而前人对儿童加工花园路径结构的考察却没有发现该效应？一种可能的原因与花园路径结构中的歧义词和消歧点的线性距离有关。上文在对两个工作记忆模型进行讨论时已经指出，歧义词和消歧点之间的线性距离与重新分析花园路径结构的困难程度呈正相关。当歧义词和消歧点相邻时，两者之间的线性距离最短，此时重新分析的困难也就最小。在之前的研究中，歧义词和消歧点并不相邻，因此两者之间的线性距离较长。例如，在 Trueswell et al.（1999）的花园路径结构中［见例（18）］，歧义词 on 和消歧点 in 之间隔了两个词语。同样，在 Choi & Trueswell（2010）的韩语花园路径结构中［见例（20）］，造成歧义的格标记 ey 与消歧的动词之间也有两个成分。前人研究中，歧义词和消歧点之间这种相对较长的线性距离可能会对儿童加工花园路径结构造成更大的困难，因为学龄前儿童的工作记忆水平是有限的，他们很有可能在遇到消歧点之前就已经把正确的解读从工作记忆中删除了［根据 Just & Carpenter（1992）的理论模型］，或者他们在重新激活已经衰退的正确解读时会呈现更多的加工困难［根据 Lewis et al.（2006）的理论模型］。和前人研究不同，在本研究考察的汉语普通话花园路径结构中，消歧点（即领属标记"的"）与歧义词相邻，因此两者之间的线性距离变得最短。通过减少线性距离这样的操作就可以显著减少工作记忆的负担，因为相对较短的线性距离可能会显著增加儿童在遇到消歧点前，在工作记忆中保留正确解读的可能性［根据 Just & Carpenter（1992）］，或减少正确解读在工作记忆中的衰退时间，这样就可以使儿童在遇到消歧点时更容易再激活该解读［根据 Lewis et al.（2006）］。

另一种可能的原因与花园路径句的句法结构有关。具体来说，本研究中，儿童在对花园路径结构进行重新分析时，工作记忆负担减轻的原因除了我们使用的花园路径句中歧义词和消歧点相邻外，也和我们所使用的句子的句法结构有关。根据 Pritchett（1988, 1992）的加工模型，重新分析困难的程度和该过程中涉及的句法节点的数量有关，即重新分析过程中涉及的句法节点越多，该过程就越困难。具体来说，当遇到歧义词的时候，句子加工装置会在句法结构上给该歧义词分配一个初始的句法位置。随着加工的进行，在遇到消歧点的时候，句子加工装置必须重新分析句子的结构。在该重新分析的过程中，句子加工装置会把歧义词从初始位置移走，把它分配到修正后的句法位置。如果歧义词的初始句法位置和修正后的句法位置在同一个句法节点下［例如，两个都在同一个名词短语节点（NP node）下］，那么重新分析对工作记忆造成的加工负担就会相对较低，因为它只涉及加工一个句法节点。反之，如果歧义词的初始句法位置和修正后的句法位置不在同一个句法节点下［例如，初始句法位置在名词短语节点下，修正后的句法位置在动词短语节点（VP node）下］，则重新分析对工作记忆造成的加工负担就会相对较高，因为它涉及对不同句法节点的加工。和（16）这样的经典花园路径结构以及前人研究中所使用的结构相比，本研究中所使用的汉语普通话的花园路径句在句法结构上更为简单，因此在加工上也变得相对容易。例如，在 Trueswell et al.（1999）考察的英语花园路径结构中［见例（18）］，歧义短语 on the napkin 最初被分析成动词的目标地点，位于动词短语节点下。之后当句子加工装置遇到消歧点时,需要把它重新分析为名词的修饰语,位于名词短语节点下。由于歧义短语的初始句法位置和修正后的句法位置不在同一个句法节点下,重新分析的过程可能就会造成较高的工作记忆负担,使加工变得更为困难。相反,在本研究所采用的汉语普通话花园路径结构中[见例(23)],歧义词[例如,(23)中的"小狗"]最初被分析成宾语,位于宾语名词短语节点(object NP node)下。当遇到消歧点"的"时,句子加工装置需要把歧义词重新分析成真正宾语的修饰语,位于同一个宾语名词短语节点下。因为歧义词的初始句法位置和修正后的句法位置在同一个句法节点下,重新分析只涉及加工一个句法节点,所以它对工作记忆造成的加工负担就会相对较低,加工也就变得相对容易。

当然,我们也需要指出,尽管汉语普通话花园路径结构的相关特征使得儿童能够更好地对其进行实时加工,但我们也发现,年龄较小的儿童在目标宾语区域呈现出相关加工效应的时间要显著晚于5岁儿童和成人。该差异表明,和年龄较大的儿童和成人相比,年龄较小的儿童在使用消歧点信息修正其初始解读时呈现出更多的困难。这说明虽然4岁儿童在工作记忆负担降至最低时能够成功对花园路径结构进行重新分析,但他们重新分析的效率不如5岁儿童和成人,表明除工作记忆外,其他认知因素(例如,儿童尚未成熟的认知控制能力)也影响儿童对花园路径结构的加工(Choi & Trueswell, 2010; Kidd et al., 2011; Mazuka et al., 2009; Novick et al., 2005; Omaki et al., 2014; Trueswell et al., 1999; Weighall, 2008; Woodard et al., 2016)。

我们的研究结果为建立细粒度(fine-grained)的儿童句子加工模型提出了新的问题。过去的研究大多将儿童重新分析的困难归咎于其尚未成熟的认知能力,例如工作记忆水平和认知控制能力,而并未明确每个认知模块是如何与儿童的重新分析困难相关联的。为了更好地理解儿童在句子加工过程中进行重新分析困难的原因,我们需要一个明确工作记忆和认知控制能力分别起到什么作用的细粒度模型。本研究以此为努力方向,考察当工作记忆负担降至最低时(不管是由于线性距离还是句法结构),儿童能否修正其初始解读，成功进行重新分析。为了进一步确认线性距离和句法结构属性在儿童加工花园路径结构中的作用，今后的研究需要直接考察这两个因素在儿童进行重新分析的过程中究竟是如何分别与工作记忆相关联的。

我们也需要指出本研究存在的一些局限。首先，本研究没有测量受试的工作记忆水平，而是基于前人研究得出的一个基本共识：学龄前儿童和成人的工作记忆水平有显著差别，儿童的工作记忆水平相较于成人更受局限（Case et al., 1982; Gathercole et al., 2004）。今后的研究需要直接考察距离效应和工作记忆水平之间的关联。此外，本研究主要关注距离效应对工作记忆负担的影响，而未考虑歧义词和消歧点属性对加工的影响（例如，我们使用的消歧点是汉语普通话中的领属标记"的"，而该标记在成人语言输入中频繁出现，那么"的"这种高频出现的特征是否会有助于儿童的重新分析）。今后的研究需要进一步探索歧义词和消歧点属性对儿童加工花园路径结构的影响。

总之，本研究的一个创新之处是通过减少歧义词和消歧点之间的线性距离来减轻儿童工作记忆的负担，从而降低他们加工花园路径结构的难度。通过该操作我们发现，4岁儿童已经可以使用消歧点提供的语言信息来修正其错误的初始解读，成功进行重新分析。本研究首次对工作记忆在儿童实时加工花园路径结构中的作用进行了探索。

7. 儿童语言加工机制

我们在引言部分已经讨论，本书的系列研究考察学龄前汉语普通话儿童的语言理解能力，对比典型儿童和自闭症儿童语言理解能力的异同。我们希望解决三个核心问题：

（1）通过眼动行为实验考察 3—5 岁学龄前汉语普通话典型儿童的句子加工能力的发展，从跨语言的视角构建儿童语言加工模型。

（2）通过对比典型儿童和自闭症儿童在实时句子加工过程中呈现的眼动模式的异同，考察自闭症儿童语言理解能力的受损部分和保存完好的部分，从而探究他们语言理解能力受损的内在机制。

（3）通过考察自闭症儿童的语言理解能力、智商水平以及社会认知能力发展之间的关联，探究语言能力发展与其他认知能力发展之间的关系。对语言能力发展的异常机制的考察，也能够帮助我们更好地了解语言能力发展的正常机制及其本质属性。

下面我们将通过对相关研究结果的阐释来逐一解决这三个问题，并在讨论的基础上，谈一谈该系列研究结果对自闭症儿童早期语言与认知能力检测和干预的启发。

7.1 典型儿童的语言加工机制

在系列研究中，我们采用眼动追踪的视觉-情境范式，分别考察了 3—5

岁学龄前汉语普通话典型儿童在实时句子理解过程中对动词信息的使用、对编码在形态句法标记中的抽象语义信息的使用、对与说话人交际意图相关的韵律信息的使用，以及工作记忆在儿童理解复杂句子结构（即花园路径结构）中的作用。

我们具体测试了学龄前典型儿童是否能够利用动词语义信息来预测句中即将出现的宾语，是否能够利用"把"和"被"这两个形态句法标记所编码的信息来预测句中名词短语的语义角色，是否能够利用韵律信息来推测说话人是在表达一个陈述还是在提出一个问题。通过观察儿童在完成相关任务时的眼动模式，我们发现学龄前典型儿童可以成功利用动词语义、形态句法、韵律这三类不同的语言信息，迅速有效地对句子进行正确解读。不管是对具体的动词信息，还是对编码在形态句法标记和韵律中的更为抽象的信息，学龄前典型儿童都可以有效地使用它们，渐进式地加工句子，利用它们提供的信息对即将出现的语言信息进行预测。

除了本书中的系列研究，还有一项学龄前汉语普通话典型儿童的研究，即 Zhou et al.（2014），也值得在此进行简要回顾。Zhou et al.（2014）的研究考察了儿童在实时语言理解过程中对另一对形态句法标记"着"和"了"的使用，这对本书中的研究是一个很好的补充。具体来说，Zhou et al.（2014）考察了 3—5 岁学龄前汉语普通话典型儿童在实时句子理解过程中能否利用编码在形态句法标记"着"和"了"中的事件时间结构信息，来加速对句子的解读。形态句法标记"着"和"了"通常被称为体标记，表征事件的时间结构："着"表示事件正在进行，而"了"表示事件已经完成。以（26）为例。（26a）带有体标记"着"，表示种花这个事件正在进行中，尚未完成；而（26b）带有体标记"了"，表示种花这个事件已经完成。

（26）a. 老奶奶种**着**一朵小花。
　　　b. 老奶奶种**了**一朵小花。

Zhou et al.（2014）同样采用眼动追踪的视觉-情境范式。在每个实验项中，受试听到一个带有体标记的句子［例如（26a）或者（26b）］，同时他们会在电脑屏幕上看到一个图片刺激，图片刺激通常包含上下两幅图片（例如，图23）。该研究从句子开始出现时记录受试在图片刺激上的眼动轨迹。研究采用的眼动指标同样是眼睛在某个特定时间窗口（以毫秒计算）在某个特定兴趣区的注视点比率。该研究中的兴趣区主要有两个：完成事件区域（completed event area）和进行事件区域（ongoing event area）。以图23为例进行说明。该图片刺激中的上图为完成事件区域（"老奶奶种花"这个事件已经完成），下图为进行事件区域（"老奶奶种花"这个事件正在进行中，尚未完成）。受试在看到该图片刺激的同时听到（26a）或者（26b）这样的句子，遥测眼动仪记录他们在图片刺激上的自发性眼动轨迹。

完成事件区域

进行事件区域

图23：Zhou et al.（2014）研究中的图片刺激材料示例

　　Zhou et al.（2014）发现3—5岁学龄前汉语普通话典型儿童呈现出了和成人相似的眼睛注视模式。当听到体标记"了"时，他们的眼睛注视点迅速移到完成事件区域；而当听到体标记"着"时，他们的眼睛注视点迅速移到进行事件区域。3岁儿童、5岁儿童和成人的眼动效应都出现在体标记出现后的200—400ms之间。三个年龄组呈现的眼动效应在时间进程上没有显著差异。该研究结果表明,3—5岁学龄前汉语普通话典型儿童在实时句子理解过程中能够迅速有效地利用编码在形态句法标记"着"和"了"中的事件时间结构信息。

综合以上关于3—5岁学龄前汉语普通话典型儿童实时语言理解的研究,我们发现学龄前汉语普通话典型儿童在加工句子的过程中可以利用不同类别的语言信息,自上而下去预测即将出现的语言信息,从而快速有效地理解相关语言结构。3岁汉语普通话儿童的句子加工装置已经具备渐进式加工的属性。我们在本书的第1章已经讨论,以往研究已经发现英语母语儿童3岁以后就可以利用句中动词提供的选择性信息来预测宾语的信息,从而呈现出基于动词语义信息的预测性眼动(Andreu et al., 2013; Fernald et al., 2008; Nation et al., 2003);学龄前法语母语、俄罗斯语母语和英语母语儿童也可以利用语言中抽象的语法特征(如格标记)对句中信息进行预测,从而加速对句子的理解(Choi & Trueswell, 2010; Lew-Williams & Fernald, 2007; Sekerina & Trueswell, 2012; Van Heugten & Shi, 2009)。

如果我们从跨语言的视角来分析已有的研究结果,就会发现不管是来自形态屈折变化丰富的语言背景的学龄前儿童,还是来自形态屈折变化相对匮乏的语言背景的学龄前儿童,他们在实时句子加工过程中都能够迅速利用已有的语言信息去预测即将出现的语言信息。这种渐进式加工的属性具有跨语言的普遍性。我们在本书第1章已经提出,渐进式加工可以减轻工作记忆的负担,从而达到句子加工效率最大化。如果句子加工装置要把整个句子听完才开始处理其句法和语义信息,那工作记忆的负担就会相当繁重。这就相当于要在工作记忆中存储大量无结构的成分,直到句子结束。这样的加工方式显然对工作记忆容量与加工资源都有限的儿童来说负担会更重。所以,从理论上解决这一问题的一个路径是假设渐进式加工是句子加工装置的一个先天属性,儿童一出生他们的句子加工装置就具备了利用已有的语言信息对未出现的语言信息进行预测的能力。渐进式加工作为句子加工装置的先天属性,可以使儿童在听到句子时利用已有信息建立临时句法和语义表征，从而预测即将出现的语言信息，并及时把相关信息整合到已有的表征，实现迅速有效地理解句子。

那么基于目前的研究，我们是否有足够的证据证明渐进式加工是句子加工装置的先天属性？作为某一项先天属性，一般应该呈现以下三个特征（Crain, 1991; Crain et al., 2017）：第一，儿童在发展早期就应该呈现出语言加工的渐进式属性；第二，儿童对该属性的掌握应具有普遍性，不受某种特定语言的制约，换言之，英语母语、汉语母语以及其他母语背景的儿童都应具备渐进式语言加工的能力；第三，对该属性的掌握不依赖于外界环境刺激，在缺乏外界环境刺激的条件下，儿童也应该具备该能力（Chomsky, 1959, 1980）。

基于我们的研究和前人的研究，再对照以上三个特征，我们认为语言加工的渐进式属性至少符合其中的两条特征：（1）在发展早期儿童已经具备了该属性，至少3岁儿童已经掌握了该属性；（2）该属性具有跨语言的普遍性。当然，对第一个和第三个特征的进一步证实需考察年龄更小的0—2岁的儿童。如果我们能够发现年龄更小的婴儿群体都已经呈现该属性，那么我们就有更充分的证据来证明对该属性的掌握不依赖于外界环境刺激。我们的研究为"渐进式加工是句子加工装置的一个先天属性"提供了初步的证据，今后的研究需进一步检验该初始假设。

第6章的研究从另外一个角度证明了儿童句子加工装置的渐进式加工属性。正是因为儿童在听到句子时利用已有信息自上而下建立临时句法和语义表征，才会导致他们在理解像花园路径结构这样的具有临时歧义的句子时，产生错误的初始解读；然后当他们自下而上利用之后出现的语言信息修正其错误初始解读时，由于工作记忆资源的限制，产生了重新分析的困难。

通过系列研究，我们发现人类语言加工采用的是自上而下和自下而上相融合的模式。句子加工装置利用已有的语言信息，自上而下构建句法和语义表征，从而去预测即将出现的语言信息，同时又自下而上及时把之后出现的相关信息整合到已有的语言表征，对语言实现连续和动态的理解。这是人类语言加工装置的先天设计特征。我们也讨论了工作记忆对语言加工的影响，我们认为正是因为人类工作记忆等认知资源的特征，尤其是认知资源对语言加工的限制特征，人类的语言加工才会具备我们上面所讨论的渐进式加工的属性特征。接下来我们来构建融合工作记忆等认知资源的儿童语言加工模型（我们认为儿童的语言加工模型在架构上应该和成人没有区别），见图24。

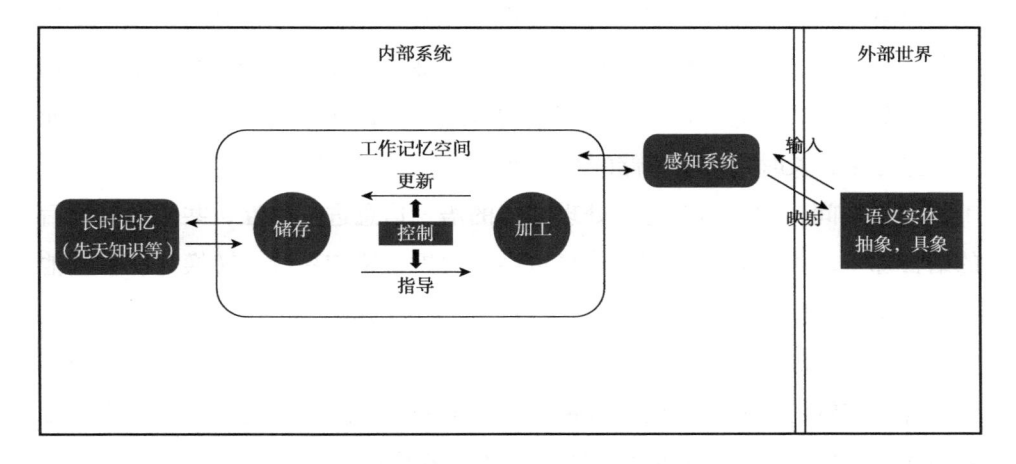

图24：儿童语言加工模型

该加工模型涉及内部系统和外部世界两个体系。内部系统包括感知系统、工作记忆空间和长时记忆三个部分。感知系统接收来自外部世界的多通道信息（包括视觉、听觉、触觉信息等），将其转换为待加工的语言信息；感知系统也将加工完成的语言信息重新转换为其他通道信息，映射到外部世界中的语义实体，实现跨通道的转换功能。长时记忆内包含长时储存的各类语言信息，儿童先天的语言知识亦在其中。长时记忆与工作记忆空间之间存在双向通道：在工作记忆空间加工完成的语言信息会进入长时记忆，而长时记忆中的语言信息也会对工作记忆空间中的语言加工过程进行指导。工作记忆空间是该模型的核心，包括三方面机制：加工、储存和控制。语言加工主要在工作记忆空间里进行，它相当于一个核心操作空间。感知系统传递的信息在工作记忆空间加工后，会动态更新工作记忆中的临时储存；而工作记忆中临时储存的内容与长时记忆中相关的信息也会进行交互，共同指导之后的语言加工。工作记忆空间中的认知控制机制对更新和指导过程也会产生影响。

如我们在上文所讨论的，该模型中体现的儿童语言加工过程是一个混合式加工过程，既有自上而下的加工，也有自下而上的加工。同时，加工过程是一个快速、持续、动态更新与整合的过程。在自下而上的路径中，外界的多通道输入经由感知系统进行编码转换。转换后的待加工信息进入工作记忆空间进行加工。在加工时，工作记忆空间的临时储存内容会被实时更新。加工完成后的语言信息会从工作记忆空间进入长时记忆中进行储存。在自上而下的路径中，长时记忆中存储的相关语言信息（包括先天语言知识），会进入工作记忆空间，这些信息与已处理完成的语言信息进行交互，共同指导之后的语言加工。加工完成的语言信息也会再次进入感知系统，转换为能被其他通道解读的信息，重新映射并反馈至现实世界中的语义实体。

儿童语言加工中涉及的存储、计算等过程的连续性和动态性，以及工作记忆等认知资源对它的影响充分说明了人类的语言加工机制和基于深度学习架构的语言加工在本质上是不同的。读者可参考 Hinton & Sejnowski（1999）、Marcus & Davis（2019）对基于深度学习架构的语言加工模型的讨论。我们在引言部分已经提出，从可学性视角切入可以作为理论建构、实验探索和机器模拟三者融合与交叉的一个突破口。我们可以通过对比机器学习和儿童学习的异同，让机器学习尝试借鉴儿童语言习得的特征，构建一个"人类语言模拟器"，把超大规模预训练语言模型与大脑中的先天语言结构和语言加工机制加以融合，走一条"先天结构、加工机制＋数据"的迭代进化之路，使机器学习可以展现人类水平的语言理解和产出。本书系列研究对儿童语言加工机制做了深度的探讨，儿童语言加工的渐进式特征，以及融合自上而下和自下而上的混合式加工方式都和目前基于深度学习架构的语言加工模型有本质的差别。当然要做到儿童语言加工与机器学习相结合，需要这两个领域的研究者打破学科壁垒，深入交叉与合作，至少其中一个合作方向就是构建细粒度的可计算的儿童语言加工模型，然后运用到机器学习上。我们目前虽然提出了一个儿童语言加工模型，但是该模型还是粗粒度的模型，还远远没有达到可计算的程度。构建可计算的语言加工模型是我们今后需要努力的方向。

在讨论典型儿童和自闭症儿童语言加工的异同之前，我们再来看一看语言理解能力在典型儿童群体中的发展轨迹。尽管我们发现 3 岁典型儿童在实时语言理解过程中已经能够快速有效利用不同类别的语言信息，但是他们和年龄稍大的 5 岁典型儿童之间还是存在差异，主要表现在两个眼动指标上：在目标区域总的注视时间和在目标区域呈现出相关加工效应的潜伏期。例如，我们在第 6 章的研究中发现，在利用领属标记"的"提供的信息对花园路径结构进行重新分析的过程中，与 5 岁典型儿童相比，3 岁典型儿童在目标区域呈现出相关加工效应的潜伏期要更长；而与成人相比，5 岁典型儿童在目标区域呈现出的相关加工效应的潜伏期要更长。我们在前文已经讨论过，这主要和他们的认知能力相关，尤其是他们的认知控制能力。由于学龄前儿童的认知控制能力尚在发展之中，他们在利用之后出现的信息去抑制之前的偏好解读时，需要花费更大的加工资源，所以所需加工时间也就更长。同时，不同年龄组的儿童在目标区域总的注视时间也有差异：年龄较小的儿童一般比年龄较大的儿童在目标区域的总的注视时间要少，年龄较大的儿童在目标区域的总的注视时间比成人要少。这主要和儿童发展中的视觉注意力等认知加工能力相关。不同年龄组之间的差异体现的并非语言能力或者语言知识的差异，而是非语言的认知能力的差异。学龄前儿童语言加工能力的发展，在很大程度上是与之相关的注意力、认知控制能力、工作记忆等认知资源的发展。我们发现我们所采用的两个眼动指标可以准确反映学龄前典型儿童的语言加工的发展特征。

7.2 自闭症儿童与典型儿童的加工异同

第 1 章已经介绍，自闭症儿童的语言能力（包括产出性语言和理解性语言）变异性大。以往研究大多认为，和产出性语言相比，自闭症儿童的理解性语言受损的程度更严重。但目前考察自闭症儿童语言理解的相关研究较少（尤其是对该群体实时语言理解的考察），对他们语言理解能力的了解还很不充分,更缺少对他们语言理解背后有关机制的探讨。我们的研究系统考察学龄前自闭症儿童在实时语言理解过程中对不同类别的语言信息的使用,包括词汇语义、形态句法和韵律。

为了能更客观地检测自闭症儿童的语言理解能力,我们对实验方法进行了创新。以往研究在考察自闭症儿童的语言理解能力时多采用离线实验任务,如标准化测试和父母的报告。此类离线任务往往对互动和反馈有很高的要求,而这样的互动和反馈对自闭症儿童而言就显得尤其困难。自闭症儿童自身的行为和症状特征经常会干扰他们完成相关实验任务,从而掩盖他们真实的语言理解能力。换言之,以往研究中观察到的自闭症儿童所呈现出来的严重的语言理解困难可能更多地和他们缺乏社会性响应相关,而非语言加工上的缺失(Rutter et al., 1992; Tager-Flusberg, 1999b)。我们的研究在实验方法上克服了前人研究中存在的问题,通过使用遥测眼动仪记录自闭症儿童处理相关听觉和视觉信息时的自发性眼动轨迹,不要求他们对实验材料进行任何主观反馈,最大限度地减轻了实验任务的负担和交际反馈的需求。同时,我们还专门制订了适合自闭症儿童的实验流程和步骤(见第1章对详细流程的描述)。

我们的系列研究发现,和学龄前典型儿童一样,学龄前自闭症儿童在实时语言理解过程中能够有效利用动词信息和形态句法标记中编码的抽象语义信息,尽管他们对动词信息的使用比对抽象的形态句法标记信息的使用要更快速、更高效。这表明学龄前自闭症儿童使用动词语义信息和形态句法信息的能力保存相对完好。但和学龄前典型儿童不同的是,学龄前自闭症儿童使用韵律信息理解说话人交际意图的能力存在明显的障碍,并且在4岁到5岁之间没有得到发展和提高,表明这一能力的缺陷或许在自闭症群体中是一种先天的缺陷。但是,我们也需要指出,该能力在4岁到5岁之间没有发展并不意味着该能力在自闭症群体中一直不会发展和提高。还存在一种可能性是这种能力在自闭症群体中发展较晚,可能发生在5岁之后。我们仍不清楚学龄前自闭症儿童使用韵律信息理解他人交际意图存在缺陷的根源是什么。这种缺陷可能反映的是他们在理解韵律的交际功能上存在普遍的语用困难,而该困难在根本上和他们的核心障碍即社交沟通障碍相关联。同时，学龄前自闭症儿童使用动词语义信息和形态句法信息的能力与典型儿童却又很接近。这种差异表明，学龄前自闭症儿童的核心语言理解能力保存相对完好，至少在与社交沟通没有直接关联的语言理解能力部分没有明显的缺失；他们语言理解上的缺失更多是与社交沟通能力接口的部分。

该研究结果对我们了解自闭症儿童的语言加工机制具有重要意义，也让我们重新思考前人关于自闭症儿童语言理解能力的一些结论。我们在前文已经讨论，以往研究大多认为和产出性语言相比，自闭症儿童的理解性语言受损的程度更严重。但我们发现，当实验任务中对任务反馈和社会性响应的需求最小化时，自闭症儿童在实时句子加工过程中可以快速有效地利用已有的语言信息预测即将出现的语言信息。我们的研究进一步支持了 Tager-Flusberg 等学者提出的假设：自闭症儿童表面上看似严重受损的语言理解能力实际上是由于以往研究所采用的实验任务对他们有较高的社会响应需求，从而严重干扰他们完成相应的任务，而并非语言理解能力的缺失。

在本章的第一小节，我们探讨了学龄前典型儿童的语言加工机制。典型儿童在实时句子加工过程中可以快速利用不同类别的语言信息，自上而下去预测即将出现的语言信息，从而快速有效地理解相关语言结构，呈现句子加工装置渐进式加工的属性。通过和典型儿童的对比，我们发现学龄前自闭症儿童在实时句子加工过程中同样可以有效利用相关语言信息渐进式理解句子语义，从而呈现出预测性眼动。该研究结果表明自闭症儿童的句子加工装置也同样具备渐进式加工的属性。基于本书的系列研究，我们提出自闭症儿童的语言加工机制和典型儿童相比没有质的差别。图 24 中的儿童语言加工模型同样适用于自闭症儿童。

自闭症儿童与典型儿童之间的差异并非语言能力或者语言知识的差异，而是非语言的认知资源的差异。例如，我们在第 2 章的研究中发现，尽管 5 岁自闭症儿童与 4 岁和 5 岁典型儿童一样呈现出了预测性眼动，且在时间进程上没有显著差异，但是 5 岁自闭症儿童与 5 岁典型儿童在目标区域的总的注视时间呈现出显著差异：自闭症儿童组的总的注视时间要显著低于典型儿童组。两个组之间的差异主要是由他们在对视觉注意力的认知控制能力上的差异所导致的。自闭症儿童对视觉注意力的认知控制能力存在缺陷，所以与同年龄的典型儿童相比，他们在目标区域的总的注视时间就相对较少。我们在第3章的研究中发现，尽管5岁自闭症儿童可以在实时句子加工过程中利用形态句法标记的信息，但是和5岁典型儿童相比，他们在目标区域呈现出的相关加工效应的潜伏期要显著更长：5岁典型儿童的效应出现在1400—1600ms的时间窗口内，而5岁自闭症儿童的效应出现在1800—2000ms的时间窗口内。该差异主要是由两个组在通用认知加工能力上的差异所导致的。和同年龄的典型儿童相比，自闭症儿童的认知加工能力更弱，所以他们可能需要花更多的时间才能把注视点移到目标事件区域。

我们在本章的第一小节已经讨论，受试在目标区域总的注视时间和在目标区域呈现出的相关加工效应的潜伏期这两个眼动指标可以准确反映学龄前典型儿童的语言加工的发展特征。通过对比自闭症儿童与典型儿童的异同，我们发现这两个指标也同样可以用来区分两个群体之间的语言加工差异。年龄较小的典型儿童与年龄稍大的典型儿童之间的差异主要体现在两个指标背后所反映的注意力、认知控制能力、工作记忆等认知资源的差异。同样，自闭症儿童与典型儿童之间的差异也主要体现在两个指标背后所反映的相关认知资源的差异。

自闭症儿童与年龄匹配的典型儿童在语言加工上的差异很大程度上和典型儿童小年龄段与大年龄段之间语言加工的差异相似。本书第2章和第3章的研究结果也给该论断提供了证据。第2章的研究发现，5岁自闭症儿童和年龄较小的4岁典型儿童在以上讨论的两个眼动指标上没有显著差异；第3章的研究发现，5岁自闭症儿童和年龄较小的3岁典型儿童在以上讨论的两个眼动指标上没有显著差异；尽管这两个研究中5岁自闭症儿童与同年龄的典型儿童在相关指标上呈现出了显著差异。基于对自闭症儿童和典型儿童相关眼动指标的对比，我们提出应该把两个群体的语言加工能力看成一个连续统，两者没有质的差别，两个群体的核心语言加工能力呈现发展的连续性。我们把该假说称为自闭症儿童与典型儿童语言加工能力的连续统假说（continuum hypothesis）。当然，我们也需要指出，我们的系列研究考察的自闭症儿童群体具有很高的言语能力，并不能代表更广泛的谱系样本。例如，我们的样本不包含谱系中少言语的群体。因此，今后的研究需要在少言语的自闭症儿童群体中进一步检验该连续统假说。今后的研究也需要扩大研究的样本量，在更大的样本中检验已有的研究结论。

7.3 语言理解与非语言认知能力的关系

随着20世纪50年代认知革命的兴起，探求语言能力与其他认知能力之间的关系一直是认知科学领域最重要也最有争议的问题之一。主要存在两种观点：第一种观点认为语言能力是大脑的一个自足的组成部分，独立于其他认知能力；第二种观点认为语言能力和其他认知能力之间没有本质的差别。这两种观点的差异反映了两种不同的对认知结构的表征。第一种观点强调语言与其他认知能力之间的差异，认为人类的认知可以分成不同的模块，每个模块都有自己相对独立的机制。一般认为不同模块的存在是进化的产物，是为了实现不同的认知任务（比如，视觉、语言加工、面孔识别、记忆、运动协调）由不同的大脑区域负责。这一观点经常被称为认知的模块化理论。第二种观点认为所有的认知能力，包括语言能力，都使用相同的机制；语言能力和其他认知能力一样，并不具有特殊性。过去60多年见证了关于语言与认知关系的激烈争论，反映出认知科学中对认知结构概念范畴的两种完全不同的取向。人工智能的传统强调通用的问题解决能力，而语言学和哲学的传统则强调不同的心智模块。随着科学的发展，学科之间新的融合会持续出现，从而对语言与认知关系的探索也会持续深入。

我们通过考察学龄前自闭症儿童的语言理解能力、智商水平以及社会认知能力发展之间的关联，来探究语言能力发展与其他认知能力发展之间的关系。我们尤其关注语言理解与非语言认知能力的关系。希望通过对该问题的探讨来说明对非典型群体的考察可以帮助我们更好地理解语言能力和其他认知能力之间的关系，从而为最终理解语言能力的本质属性提供新的视角。

我们的系列研究发现，学龄前自闭症儿童在实时语言理解过程中使用动词语义信息和形态句法信息的能力与典型儿童接近（见第 2 章和第 3 章的研究结果），但他们使用韵律信息和使用社会信息进行推理的能力严重受损（见第 4 章和第 5 章的研究结果）。我们在前文已经讨论，使用韵律信息理解说话人交际意图的能力以及使用社会信息进行社会推理的能力，都直接和自闭症的核心症状即社交沟通障碍相关联。这种不对称性表明，学龄前自闭症儿童的核心语言理解能力保存相对完好，至少在与社交沟通和社会认知能力没有直接关联的语言理解能力部分没有明显的缺失。但他们不能像典型儿童那样，通过韵律信息推测说话人的交际意图以及通过有效使用社会信息进行社会推论。我们的研究表明，自闭症儿童的社会认知能力是严重受损的。社会认知能力很大程度上取决于我们能够在特定社交环境中根据他人的心理状态去理解他人的行为。本研究中得到的典型儿童和自闭症儿童眼睛注视模式的对比差异清楚地显示，自闭症儿童使用社会信息去理解他人行为的能力存在缺失。学龄前自闭症儿童所呈现出来的核心语言理解能力与涉及社会认知的理解能力之间的不对称性表明，他们的语言理解能力与社会认知能力之间发展不平衡。在该群体中，语言理解能力的发展相对独立于社会认知能力的发展。

我们再来看一下学龄前自闭症儿童的理解能力与智商水平之间的关系。在第 4 章的研究中，5 岁自闭症儿童组的智商水平是与 4 岁典型儿童组相匹配的，但是他们呈现的眼睛注视模式却和 4 岁典型儿童组有显著不同。4 岁典型儿童组的眼睛注视模式表明他们可以快速有效地利用韵律信息理解说话人的交际意图，但 5 岁自闭症儿童组的眼睛注视模式却表明他们无法成功使用韵律信息理解说话人的交际意图。该结果表明使用韵律信息理解说话人交际意图的能力相对独立于智商水平。在第 5 章的研究中，5 岁自闭症儿童组具有较强的言语能力，并且他们的智商水平是与 4 岁典型儿童组相匹配的，但与

4岁典型儿童不同，5岁自闭症儿童没有呈现出能够反映他们通过自发编码社会信息并将心理状态赋予康康从而来预测康康行为的这样一种能力的眼睛注视模式。该结果表明利用社会信息进行社会推理的能力与智商水平没有直接关联。

通过对学龄前自闭症儿童语言理解能力、智商水平以及社会认知能力发展之间关系的考察，我们发现语言理解能力、智商水平和社会认知能力在自闭症儿童发育过程中呈现发展的不平衡，表明语言能力与其他认知能力的发展都有一定的独立性，但也会呈现交互作用，比如，我们的研究也发现工作记忆等认知资源对实时语言理解具有重要的影响。我们的研究结果为理解语言能力与其他认知能力之间的关系提供了一个新的视角。研究所发现的语言能力与其他认知能力之间既相对独立又具有互动的关系让我们思考：或许我们可以暂时搁置语言能力是否独立于其他认知能力，以及大脑是否由不同心智模块组成这样的问题，而更多地关注人类所共有的、在物种进化过程中发挥着重要作用的能力（如语言和数字使用能力）和其他需要社会文化阐释的能力（如代数和乐器使用能力）之间的区别，以真正跨学科的方式来理解更为广阔的心智与大脑的关系。

7.4　对诊断和干预的启发

我们在本书第1章已经讨论，DSM-5（APA, 2013）对自闭症的诊断标准进行了较大的调整，其中把与社交沟通无关的语言障碍从核心症状中去除了。虽然语言障碍不再被列为自闭症的核心症状，但它却是自闭症儿童最早呈现的症状之一，也是最容易被父母发现的特征之一。自闭症儿童早期的语言能力是预测其后期发展和独立性的重要指标之一。研究自闭症儿童的语言发展不仅可以指导早期诊断和干预，也为探索语言能力与其他认知能力发展之间的关系提供了一个窗口。在本章第三小节，我们已经讨论了研究自闭症儿童的语言发展可以如何帮助我们理解语言能力和其他认知能力之间的关系。本小节，我们讨论本书的系列研究对自闭症儿童早期语言与认知能力的检测与干预的启发。

我们在前文已经讨论，在考察自闭症儿童的语言与认知能力发展时，我们既需要考察他们受损的部分，也需要考察他们保存完好的部分。前人研究多关注他们受损的部分，我们的研究朝着考察他们保存完好的部分的方向迈出了非常重要的一步。只有真正弄清楚语言加工中哪些部分是受损的，哪些部分是保存完好的，我们才能在制订干预方案时探索是否可以使用保存完好的部分来补偿受损的部分。这对制订自闭症儿童的语言康复训练计划具有非常重要的意义。

我们的研究结果证明，我们所采用的眼动任务和眼动指标可以有效评估学龄前典型儿童与自闭症儿童的语言理解与社会认知能力。具体来说，我们的实验任务采用了三个眼动指标：(1)受试在目标区域的注视点比率；(2)受试在目标区域总的注视时间；(3)受试在目标区域呈现出相关加工效应的潜伏期。这三个眼动指标可以准确检测学龄前自闭症儿童语言理解与社会认知能力保存完好的部分和受损的部分。例如，第5章的研究结果很好地证明了我们设计的实验任务和眼动指标(1)，可以有效评估学龄前儿童进行社会推理的能力。我们在上文也已经讨论过，眼动指标(1)(2)(3)可以有效区分学龄前自闭症儿童、年龄较小的典型儿童以及与之年龄匹配的典型儿童在语言加工能力上的异同。建立与特定认知过程相关的眼睛注视模式将有助于确立自闭症和一般社交沟通障碍的早期临床指标。同时在第5章，我们也讨论了我们的研究结果对干预的启发。如果通过我们的任务检测出了儿童在进行相关社会推理时存在障碍，我们可以及时反馈给老师和家长，并且告诉他们应该在课堂和家庭训练中，有意识地去帮助儿童做出明确的社会推理过程，让儿童清楚地认识到自己在哪一个步骤出了问题，并帮助他们纠正错误，最终做出正确的社会推理。

基于以上三个眼动指标以及后续我们使用相关任务追加测试的600名典型儿童和600名自闭症儿童的数据，我们建立了一套适合中国自闭症儿童的早期语言与认知能力筛查方法。该方法在2020年12月获得国家发明专利

（专利号 ZL201910108857.8）。

该筛查方法包括四个模块，详细描述如下：

第一，采集模块。用于根据眼动行为指标采集自闭症儿童处理目标任务时的眼动轨迹数据，其中，眼动行为指标为自闭症儿童的眼睛在预设时间内在目标区域的注视点比率、在目标区域总的注视时间以及在目标区域呈现出相关加工效应的潜伏期。采集模块进一步包括：（1）获取单元，用于获取与目标任务对应的视觉信息和听觉信息；（2）采集单元，用于采集自闭症儿童完成目标任务时的眼动轨迹数据。目标任务包括自闭症儿童对动词信息的加工任务、自闭症儿童对抽象形态句法信息的加工任务、自闭症儿童对韵律信息的加工任务、自闭症儿童对句子结构的加工任务和自闭症儿童的社会认知能力任务，每个模块对应的视觉-情境范式实验任务都采用以上讨论的这三个眼动指标。根据获得的三个眼动指标区分自闭症儿童和典型儿童在语言理解过程中使用相关信息时的异同。

第二，分析模块。用于根据所采集的眼动数据分析得到自闭症儿童语言与认知能力的当前状况信息，分析模块进一步用于将采集到的眼动数据与我们的基线数据进行比较，从而分析得到自闭症儿童语言与认知能力的当前状况信息，其中，基线数据为我们采集的与自闭症儿童生理年龄匹配、心理年龄匹配的典型儿童的眼动数据。

第三，筛查模块。用于根据当前状况信息得到自闭症儿童语言与认知能力的筛查结果。

第四，训练方案模块。用于在根据当前状况信息得到自闭症儿童语言与认知能力的筛查结果之后，根据筛查结果得到自闭症儿童的康复训练方案。

目前该专利正在成果转化中，希望可以早日转化为为自闭症儿童服务的产品。

参考文献

孔令达，周国光，李向农，1990，1～5岁儿童使用结构助词"的"情况的调查和分析，《心理科学通讯》第6期。

李宇明，2004，《儿童语言的发展》，武汉：华中师范大学出版社。

李毓秋，朱建军，2014，《韦氏幼儿智力量表第四版（WPPSI-IV）中文版》，珠海：珠海市京美心理测量技术开发有限公司。

龚耀先，戴晓阳，1992，《中国－韦氏幼儿智力量表手册》，长沙：湖南地图出版社。

周鹏，2021，儿童语言习得机制跨学科研究：进展、问题和前景，《语言战略研究》第1期。

Akhtar, N., & Martinez-Sussmann, C. (2007). Intentional communication. In C. A. Brownell, & C. B. Kopp (Eds.), *Socioemotional development in the toddler years: Transitions and transformations* (pp. 201-220). New York, NY: Guilford.

Altmann, G., & Kamide, Y. (1999). Incremental interpretation at verbs: Restricting the domain of subsequent reference. *Cognition, 73*, 247-264.

Altmann, G., & Kamide, Y. (2007). The real-time mediation of visual attention by language and world knowledge: Linking anticipatory (and other) eye movements to linguistic processing. *Journal of Memory and Language, 57*, 502-518.

American Psychiatric Association (APA) (2000). *Diagnostic and statistical manual of mental disorders, 4th edition, text revision* (DSM-IV-TR). Washington, DC: American Psychiatric Association.

American Psychiatric Association (APA) (2013). *Diagnostic and statistical manual of mental disorders, 5th edition* (DSM-5). Washington, DC: American Psychiatric Association.

American Speech-Language-Hearing Association (2018). *Social communication disorder*. Retrieved from https://www.asha.org/Practice-Portal/Clinical-Topics/Social-Communication-Disorders/.

Andreu, L., Sanz-Torrent, M., & Trueswell, J. C. (2013). Anticipatory sentence processing in children with specific language impairment: Evidence from eye movements during listening. *Applied Psycholinguistics, 34*, 5−44.

Arciuli, J., & Bailey, B. (2019). An acoustic study of lexical stress contrastivity in children with and without autism spectrum disorders. *Journal of Child Language, 46*, 142−152.

Baayen, R. H., Davidson, D. J., & Bates, D. M. (2008). Mixed-effects modeling with crossed random effects for subjects and items. *Journal of Memory and Language, 59*, 390−412.

Baillargeon, R., Scott, R. M., & He, Z. (2010). False-belief understanding in infants. *Trends in Cognitive Sciences, 14*, 110−118.

Baltaxe, C., & Simmons, J. (1985). Prosodic development in normal and autistic children. In E. Schopler, & G. Mesibov (Eds.), *Communication problems in autism* (pp. 95−125). New York, NY: Plenum Press.

Baron-Cohen, S. (1988). Social and pragmatic deficits in autism: Cognitive or affective? *Journal of Autism and Developmental Disorders, 18*, 379−402.

Baron-Cohen, S., Leslie, A. M., & Frith, U. (1985). Does the autistic child have a "theory of mind"? *Cognition, 21*, 37−46.

Baron-Cohen, S., Scott, F. J., Allison, C., Williams, J., Bolton, P., Matthews, F. E., Brayre, C., & (2009). Prevalence of autism-spectrum conditions: UK school-based population study. *The British Journal of Psychiatry, 194*, 500−509.

Barr, D. J. (2008). Analyzing 'visual world' eyetracking data using multilevel logistic regression. *Journal of Memory and Language, 59*, 457−474.

Barr, D. J., Levy, R., Scheepers, C., & Tily, H. J. (2013). Random effects structure for confirmatory hypothesis testing: Keep it maximal. *Journal of Memory and Language, 68*, 255−278.

Bates, D., Calderón, J. B. S., Noack, A., Kleinschmidt, D., Kelman, T., Bouchet-Valat, M., Babayan, S., Mogensen, P. K., Piibeleht, M., Hatherly, M., Saba, E., & Baldassari, A. (2019). dmbates/MixedModels.jl: v2.1.1|Zenodo (doi:10.5281/zenodo.3428819).

Bates, D. M., Kliegl, R., Vasishth, S., & Baayen, R. H. (2015). *Parsimonious Mixed Models*. Retrieved from arXiv: 1506.04967 (stat.ME)

Bates, D. M., Maechler, M., & Bolker, B. (2013). lme4: Linear mixed-effects models using S4 classes. Retrieved from http://cran.r-project.org/web/packages/lme4/index.html.

Bates, D., Mächler, M., Bolker, B., & Walker, S. (2015). Fitting linear mixed-effects models using lme4. *Journal of Statistical Software, 67*, 1−48.

Bavin, E. L., Kidd, E., Prendergast, L. A., & Baker, E. K. (2016a). Young children with ASD use lexical and referential information during on-line sentence processing. *Frontiers in Psychology, 7*, 171.

Bavin, E. L., Prendergast, L. A., Kidd, E., Baker, E., & Dissanayake, C. (2016b). Online processing of sentences containing noun modification in young children with high-functioning autism. *International Journal of Language & Communication Disorders, 51*, 137−147.

Behne, T., Carpenter, M., Call, J., & Tomasello, M. (2005). Unwilling versus unable: Infants' understanding of intentional action. *Developmental Psychology, 41*, 328−337.

Bezanson, J., Edelman, A., Karpinski, S., & Shah, V. B. (2017). Julia: A fresh approach to numerical computing. *SIAM Review, 59*, 65−98.

Bloom, P., & German, T. P. (2000). Two reasons to abandon the false belief task as a test of theory of mind. *Cognition, 77*, B25-B31.

Boland, J. E. (2005). Visual arguments. *Cognition, 95*, 237−274.

Boland, J. E., Tanenhaus, M. K., & Garnsey, S. M. (1990). Evidence for the immediate use of verb control information in sentence processing. *Journal of Memory and Language, 29*, 413−432.

Boucher, J. (2012). Research review: Structural language in autistic spectrum disorder—characteristics and causes. *Journal of Child Psychology and Psychiatry, 53*, 219−233.

Brock, J., Norbury, C. F., Einav, S., & Nation, K. (2008). Do individuals with autism process words in context? Evidence from language-mediated eye-movements. *Cognition, 108*, 896−904.

Buttelmann, D., Carpenter, M., & Tomasello, M. (2009). Eighteen-month-old infants show false belief understanding in an active helping paradigm. *Cognition, 112*, 337−342.

Case, R., Kurland, D. M., & Goldberg, J. (1982). Operational efficiency and the growth of short-term memory span. *Journal of Experimental Child Psychology, 33*, 386−404.

Centres for Disease Control and Prevention. (2012). Prevalence of autism spectrum disorders—Autism and developmental disabilities monitoring network, 14 sites, United States, 2008. MMWR. Surveillance summaries: Morbidity and mortality weekly report. *Surveillance Summaries, 61*, 1−19.

Chevallier, C., Noveck, I., Happé, F., & Wilson, D. (2009). From acoustics to grammar: Perceiving and interpreting grammatical prosody in adolescents with Asperger Syndrome. *Research in Autism Spectrum Disorders, 3*, 502−516.

Chevallier, C., Parish-Morris, J., Tonge, N., Le, L., Miller, J., & Schultz, R. T. (2014). Susceptibility to the audience effect explains performance gap between children with and without autism in a theory of mind task. *Journal of Experimental Psychology: General, 143*, 972−979.

Chita-Tegmark, M., Arunachalam, S., Nelson, C. A., & Tager-Flusberg, H. (2015). Eye-tracking measurements of language processing: Developmental differences in children at high risk for ASD. *Journal of Autism and Developmental Disorders, 45*, 3327−3338.

Choi, Y., & Trueswell, J. C. (2010). Children's (in)ability to recover from garden paths in a verb-final language: Evidence for developing control in sentence processing. *Journal of Experimental Child Psychology, 106*, 41−61.

Chomsky, N. (1959). A review of B. F. Skinner's *Verbal behavior*. *Language, 35*, 26−58.

Chomsky, N. (1980). Rules and representations. *Behavioral and Brain Sciences, 3*, 1−61.

Christ, S. E., Holt, D. D., White, D. A., & Green, L. (2007). Inhibitory control in children with autism spectrum disorder. *Journal of Autism and Developmental Disorders, 37*, 1155−1165.

Clements, W. A., & Perner, J. (1994). Implicit understanding of belief. *Cognitive Development, 9*, 377−395.

Cooper, R. M. (1974). The control of eye fixation by the meaning of spoken language: A new methodology for the real-time investigation of speech perception, memory, and language processing. *Cognitive Psychology, 6*, 84−107.

Corrigan, R. (1988). Who dun it? The influence of actor-patient animacy and type of verb in the making of causal attributions. *Journal of Memory and Language, 27*, 447−465.

Crain, S. (1991). Language acquisition in the absence of experience. *Behavioral and Brain Sciences, 14*, 597−612.

Crain, S., Koring, L., & Thornton, R. (2017). Language acquisition from a biolinguistic perspective. *Neuroscience and Biobehavioral Reviews, 81*, 120−149.

Crain, S., & Steedman, M. K. (1985). On not being led up the garden path: The use of context by the psychological syntax parser. In D. Dowty, L. Karttunen, & A. Zwicky (Eds.), *Natural language parsing: Psychological, computational, and theoretical perspectives* (pp. 320−358). Cambridge: Cambridge University Press.

DeLong, K. A., Urbach, T. P., & Kutas, M. (2005). Probabilistic word pre-activation during language comprehension inferred from electrical brain activity. *Nature Neuroscience, 8*, 1117−1121.

DeMyer, M. K., Barton, S., DeMyer, W. E., Norton, J. A., Allen, J., & Steele, R. (1973). Prognosis in autism: A follow-up study. *Journal of Autism and Childhood Schizophrenia, 3*, 199−246.

Diamond, A. (2006). The early development of executive functions. In E. Bialystok, & F. I. M. Craik (Eds.), *Lifespan cognition: Mechanisms of change* (pp. 70−95). New York, NY: Oxford University Press.

Diamond, A., & Gilbert, J. (1989). Development as progressive inhibitory control of action: Retrieval of a contiguous object. *Cognitive Development, 4*, 223−249.

Diamond, A., Kirkham, N., & Amso, D. (2002). Conditions under which young children can hold two rules in mind and inhibit a prepotent response. *Developmental Psychology, 38*, 352−362.

DiCriscio, A. S., Miller, S. J., Hanna, E. K., Kovac, M., Turner-Brown, L., Sasson, N. J., Sapyta, J., Troiani, V., & Dichter, G. S. (2016). Brief report: Cognitive control of social and nonsocial visual attention in autism. *Journal of Autism and Developmental Disorders, 46*, 2797−2805.

Diehl, J. J., Friedberg, C., Paul, R., & Snedeker, J. (2015). The use of prosody during syntactic processing in children and adolescents with autism spectrum disorders. *Development and Psychopathology, 27*, 867−884.

Diehl, J. J., & Paul, R. (2013). Acoustic and perceptual measurements of prosody production on the profiling elements of prosodic systems in children by children with autism spectrum disorders. *Applied Psycholinguistics, 34*, 135−161.

Eigsti, I. M., Bennetto, L., & Dadlani, M. B. (2007). Beyond pragmatics: Morphosyntactic development in autism. *Journal of Autism and Developmental Disorders, 37*, 1007−1023.

Eigsti, I. M., de Marchena, A. B., Schuh, J. M., & Kelley, E. (2011). Language acquisition in autism spectrum disorders: A developmental review. *Research in Autism Spectrum Disorders, 5*, 681−691.

Falck-Ytter, T., Bölte, S., & Gredebäck, G. (2013). Eye tracking in early autism research. *Journal of Neurodevelopmental Disorders, 5*, 28.

Fernald, A., Zangl, R., Portillo, A. L., & Marchman, V. A. (2008). Looking while listening: Using eye movements to monitor spoken language comprehension by infants and young children. In I. A. Sekerina, E. M. Fernández, & H. Clahsen (Eds.), *Developmental psycholinguistics: On-line methods in children's language processing* (pp. 97−135). Amsterdam: John Benjamins.

Ferreira, F. (2003). The misinterpretation of noncanonical sentences. *Cognitive Psychology, 47*,

164−203.

Ferreira, F., & Clifton, C. (1986). The independence of syntactic processing. *Journal of Memory and Language, 25*, 348−368.

Ferreira, F., & Henderson, J. M. (1998). Syntactic reanalysis, thematic processing, and sentence comprehension. In J. D. Fodor, & F. Ferreira (Eds.), *Reanalysis in sentence processing* (pp. 73−100). Dordrecht: Kluwer.

Ferreira, F., & Lowder, M. W. (2016). Prediction, information structure, and good enough language processing. *Psychology of Learning and Motivation, 65*, 217−247.

Fisher, N., & Happé, F. (2005). A training study of theory of mind and executive function in children with autistic spectrum disorders. *Journal of Autism and Developmental Disorders, 35*, 757−771.

Fodor, J. A. (1992). A theory of the child's theory of mind. *Cognition, 44*, 283−296.

Frazier, L. (1979). *On comprehending sentences: Syntactic parsing strategies*. Ph.D. dissertation, University of Connecticut.

Frazier, L. (1987). Sentence processing: A tutorial review. In M. Coltheart (Ed.), *Attention and performance XII: The psychology of reading* (pp. 559−586). Hillsdale, NJ: Erlbaum.

Frazier, L. (1989). Against lexical generation of syntax. In W. D. Marslen-Wilson (Ed.), *Lexical representation and process* (pp. 505−528). Cambridge, MA: MIT Press.

Frazier, L., & Rayner, K. (1982). Making and correcting errors during sentence comprehension: Eye movements in the analysis of structurally ambiguous sentences. *Cognitive Psychology, 14*, 178−210.

Frischen, A., Bayliss, A. P., & Tipper, S. P. (2007). Gaze cueing of attention: Visual attention, social cognition, and individual differences. *Psychological Bulletin, 133*, 694.

Frith, U., & Happé, F. G. E. (1994). Autism: Beyond "theory of mind". *Cognition, 50*, 115−132.

Garraffa, M., Coco, M. I., & Branigan, H. P. (2018). Impaired implicit learning of syntactic structure in children with developmental language disorder: Evidence from syntactic priming. *Autism & Developmental Language Impairments, 3*, 2396941518779939.

Gathercole, S. E., Pickering, S. J., Ambridge, B., & Wearing, H. (2004). The structure of working memory from 4 to 15 years of age. *Developmental Psychology, 40*, 177−190.

Gliga, T., Bedford, R., Charman, T., Johnson, M. H., & BASIS Team (2015). Enhanced visual search in infancy predicts emerging autism symptoms. *Current Biology, 25*, 1727−1730.

Golan, O., Baron-Cohen, S., Hill, J. J., & Rutherford, M. D. (2007). The 'Reading the Mind in the Voice' test-revised: A study of complex emotion recognition in adults with and without autism spectrum conditions. *Journal of Autism and Developmental Disorders, 37*, 1096-1106.

Guillon, Q., Hadjikhani, N., Baduel, S., & Rogé, B. (2014). Visual social attention in autism spectrum disorder: Insights from eye tracking studies. *Neuroscience & Biobehavioral Reviews, 42*, 279-297.

Hahn, N., Snedeker, J., & Rabagliati, H. (2015). Rapid linguistic ambiguity resolution in young children with autism spectrum disorder: Eye tracking evidence for the limits of weak central coherence. *Autism Research, 8*, 717-726.

Hala, S. (Ed.). (1997). *The development of social cognition*. Hove, England: Psychology Press.

Hamlin, J. K., Wynn, K., & Bloom, P. (2007). Social evaluation by preverbal infants. *Nature, 450*, 557-560.

Happé, F. (1993). Communicative competence and theory of mind in autism: A test of relevance theory. *Cognition, 48*, 101-119.

Happé, F. (1995). The role of age and verbal ability in the theory of mind task performance of subjects with autism. *Child Development, 66*, 843-855.

Happé, F., Booth, R., Charlton, R., & Hughes, C. (2006). Executive function deficits in autism spectrum disorders and attention-deficit/hyperactivity disorder: Examining profiles across domains and ages. *Brain and Cognition, 61*, 25-39.

Hasni, A. A., Adamson, L. B., Williamson, R. A., & Robins, D. L. (2017). Adding sound to theory of mind: Comparing children's development of mental-state understanding in the auditory and visual realms. *Journal of Experimental Child Psychology, 164*, 239-249.

Heavey, L., Phillips, W., Baron-Cohen, S., & Rutter, M. (2000). The Awkward moments test: A naturalistic measure of social understanding in autism. *Journal of Autism and Developmental Disorders, 30*, 225-236.

Hill, E. L. (2004). Executive dysfunction in autism. *Trends in Cognitive Sciences, 8*, 26-32.

Hinton, G. E., & Sejnowski, T. J. (Eds.). (1999). *Unsupervised learning: Foundations of neural computation*. Cambridge, MA: MIT press.

Hoogenhout, M., & Malcolm-Smith, S. (2014). Theory of mind in autism spectrum disorder: Does DSM classification predict development? *Research in Autism Spectrum Disorders, 8*, 597-607.

Howlin, P. (2003). Outcome in high-functioning adults with autism with and without early language delays: Implications for the differentiation between autism and Asperger syndrome. *Journal of Autism and Developmental Disorders, 33*, 3−13.

Hu, S., Gavarró, A., & Guasti, M. T. (2016a). Children's production of head-final relative clauses: The case of Mandarin. *Applied Psycholinguistics, 37*, 323−346.

Hu, S., Gavarró, A., Vernice, M., & Guasti, M. T. (2016b). The acquisition of Chinese relative clauses: Contrasting two theoretical approaches. *Journal of Child Language, 43*, 1−21.

Huang, Y.-T., & Hollister, E. (2019). Developmental parsing and linguistic knowledge: Reexamining the role of cognitive control in the kindergarten path effect. *Journal of Experimental Child Psychology, 184*, 210−219.

Huang, Y.-T., Zheng, X., Meng, X., & Snedeker, J. (2013). Children's assignment of grammatical roles in the online processing of Mandarin passive sentences. *Journal of Memory and Language, 69*, 589−606.

Hudry, K., Leadbitter, K., Temple, K., Slonims, V., McConachie, H., Aldred, C., et al. (2010). Preschoolers with autism show greater impairment in receptive compared with expressive language abilities. *International Journal of Language & Communication Disorders, 45*, 681−690.

Hughes, C., & Ensor, R. (2007). Executive function and theory of mind: Predictive relations from ages 2 to 4. *Developmental Psychology, 43*, 1447−1459.

Jaeger, T. F. (2008). Categorical data analysis: Away from ANOVAs (transformation or not) and towards logit mixed models. *Journal of Memory and Language, 59*, 434−446.

Järvinen-Pasley, A., Peppé, S., King-Smith, G., & Heaton, P. (2008). The relationship between form and function level receptive prosodic abilities in autism. *Journal of Autism and Developmental Disorders, 38*, 1328−1340.

Jolliffe, T., & Baron-Cohen, S. (1999). The strange stories test: A replication with high-functioning adults with autism or Asperger syndrome. *Journal of Autism and Developmental Disorders, 29*, 395−406.

Jones, W., & Klin, A. (2013). Attention to eyes is present but in decline in 2−6-month-old infants later diagnosed with autism. *Nature, 504*, 427−431.

Joseph, R. M., & Tager-Flusberg, H. (2004). The relationship of theory of mind and executive functions to symptom type and severity in children with autism. *Development and Psychopathology, 16*, 137−155.

Just, M. A., & Carpenter, P. A. (1992). A capacity theory of comprehension: Individual differences in working memory. *Psychological Review, 99*, 122−149.

Kaldy, Z., Giserman, I., Carter, A. S., & Blaser, E. (2016). The mechanisms underlying the ASD advantage in visual search. *Journal of Autism and Developmental Disorders, 46*, 1513−1527.

Kaldy, Z., Kraper, C., Carter, A. S., & Blaser, E. (2011). Toddlers with autism spectrum disorder are more successful at visual search than typically developing toddlers. *Developmental Science, 14*, 980−988.

Kamide, Y., Altmann, G., & Haywood, S. L. (2003a). The time-course of prediction in incremental sentence processing: Evidence from anticipatory eyemovements. *Journal of Memory and Language, 49*, 133−156.

Kamide, Y., Scheepers, C., & Altmann, G. (2003b). Integration of syntactic and semantic information in predictive processing: Cross-linguistic evidence from German and English. *Journal of Psycholinguistic Research, 32*, 37−55.

Kanner, L. (1943). Autistic disturbances of affective contact. *Nervous Child, 2*, 217−250.

Kanner, L. (1971). Follow-up study of eleven autistic children originally reported in 1943. *Journal of Autism and Childhood Schizophrenia, 1*, 119−145.

Kasari, C., Brady, N., Lord, C., & Tager-Flusberg, H. (2013). Assessing the minimally verbal school-aged child with autism spectrum disorder. *Autism Research, 6*, 479−493.

Kelly, D. J., Walker, R., & Norbury, C. F. (2013). Deficits in volitional oculomotor control align with language status in autism spectrum disorders. *Developmental Science, 16*, 56−66.

Kidd, E., & Bavin, E. L. (2005). Lexical and referential cues to sentence interpretation: An investigation of children's interpretations of ambiguous sentences. *Journal of Child Language, 32*, 855−876.

Kidd, E., & Bavin, E. L. (2007). Lexical and referential influences on on-line spoken language comprehension: A comparison of adults and primary school-age children. *First Language, 27*, 29−52.

Kidd, E., Stewart, A. J., & Serratrice, L. (2011). Children do not overcome lexical biases where adults do: The role of the referential scene in garden-path recovery. *Journal of Child Language, 38*, 222−234.

Kjelgaard, M.M., & Tager-Flusberg, H. (2001). An investigation of language impairment in autism: Implications for genetic subgroups. *Language and Cognitive Processes, 16*, 287−308.

Kleinman, J., Marciano, P. L., & Ault, R. L. (2001). Advanced theory of mind in high-functioning adults with autism. *Journal of Autism and Developmental Disorders*, *31*, 29−36.

Kliemann, D., & Adolphs, R. (2018). The social neuroscience of mentalizing: challenges and recommendations. *Current Opinion in Psychology*, *24*, 1−6.

Koning, C., & Magill-Evans, J. (2001). Social and language skills in adolescent boys with Asperger syndrome. *Autism*, *5*, 23−36.

Kover, S. T., Haebig, E., Oakes, A., McDuffie, A., Hagerman, R. J., & Abbeduto, L. (2014). Sentence comprehension in boys with autism spectrum disorder. *American Journal of Speech-Language Pathology*, *23*, 385−394.

Ladd, D. R. (1996). *Intonational phonology*. Cambridge: Cambridge University Press.

Lassotta, R., Omaki, A., & Franck, J. (2016). Developmental changes in misinterpretation of garden-path *wh*-questions in French. *The Quarterly Journal of Experimental Psychology*, *69*, 829−854.

Lee, T. H.-T. (2006). A note on garden path sentences in Chinese. In D.-A. Ho, S. Cheung, W. Pan, & F. Wu (Eds.), *Linguistic studies in Chinese and neighboring languages: Festschrift in honor of Professor Pang-Hsin Ting on his seventieth birthday* (pp. 491−518). Taipei: Institute of Linguistics, Academia Sinica.

Leonard, L. B. (2014). *Children with specific language impairment* (Second Edition). Cambridge, MA: MIT Press.

Leonard, L. B., Bortolini, U., Caselli, M. C., McGregor, K. K., & Sabbadini, L. (1992). Morphological deficits in children with specific language impairment: The status of features in the underlying grammar. *Language Acquisition*, *2*, 151−179.

Leonard, L. B., Eyer, J. A., Bedore, L. M., & Grela, B. G. (1997). Three accounts of the grammatical morpheme difficulties of English-speaking children with specific language impairment. *Journal of Speech, Language, and Hearing Research*, *40*, 741−753.

Leslie, A. M. (1987). Pretense and representation: The origins of "theory of mind". *Psychological Review*, *94*, 412−426.

Leslie, A. M. (1994). Pretending and believing: Issues in the theory of ToMM. *Cognition*, *50*, 211−238.

Leslie, A. M., Friedman, O., & German, T. P. (2004). Core mechanisms in 'theory of mind'. *Trends in Cognitive Sciences*, *8*, 528−533.

Lew-Williams, C., & Fernald, A. (2007). Young children learning Spanish make rapid use of grammatical gender in spoken word recognition. *Psychological Science*, *18*, 193−198.

Lewis, R. L., & Vasishth, S. (2005). An activation-based model of sentence processing as skilled memory retrieval. *Cognitive Science, 29*, 375–419.

Lewis, R. L., Vasishth, S., & Van Dyke, J. A. (2006). Computational principles of working memory in sentence comprehension. *Trends in Cognitive Sciences, 10*, 447–454.

Liszkowski, U. (2018). Emergence of shared reference and shared minds in infancy. *Current Opinion in Psychology, 23*, 26–29.

Liu, D., Wellman, H. M., Tardif, T., & Sabbagh, M. A. (2008). Theory of mind development in Chinese children: A meta-analysis of false-belief understanding across cultures and languages. *Developmental Psychology, 44*, 523–531.

Lord, C., & Paul, R. (1997). Language and communication in autism. In D. J. Cohen, & F. R. Volkmar (Eds.), *Handbook of autism and pervasive developmental disorders* (2nd ed.) (pp. 460–483). New York, NY: Wiley.

Lord, C., Rutter, M., DiLavore, P. C., & Risi, S. (2000). *Autism diagnostic observation schedule.* Los Angeles, CA: Western Psychological Services.

Luna, B., Doll, S. K., Hegedus, S. J., Minshew, N. J., & Sweeney, J. A. (2007). Maturation of executive function in autism. *Biological Psychiatry, 61*, 474–481.

Luyster, R. J., Kadlec, M. B., Carter, A., & Tager-Flusberg, H. (2008). Language assessment and development in toddlers with autism spectrum disorders. *Journal of Autism and Developmental Disorders, 38*, 1426–1438.

MacDonald, M. C. (1994). Probabilistic constraints and syntactic ambiguity resolution. *Language and Cognitive Processes, 9*, 157–201.

Marcus, G., & E. Davis. (2019). *Rebooting AI: Building artificial intelligence we can trust.* New York, NY: Pantheon Books.

Mazuka, R., Jincho, N., & Oishi, H. (2009). Development of executive control and language processing. *Language and Linguistics Compass, 3*, 59–89.

McAlpine, A., Plexico, L. W., Plumb, A. M., & Cleary, J. (2014). Prosody in young verbal children with autism spectrum disorder. *Contemporary Issues in Communication Science & Disorders, 41*, 120–132.

McCann, J., & Peppé, S. (2003). Prosody in autism spectrum disorders: A critical review. *International Journal of Language & Communication Disorders, 38*, 325–350.

Meroni, L., & Crain, S. (2003). On not being led down the kindergarten path. In *Proceedings of the 27th annual Boston university conference on language development* (pp. 531–544).

Somerville, MA: Cascadilla Press.

Moore, C., & Corkum, V. (1994). Social understanding at the end of the first year of life. *Developmental Review, 14*, 349–372.

Moses, L. J. (2001). Executive accounts of theory-of-mind development. *Child Development, 72*, 688–690.

Naigles, L. R., & Chin, I. (2015). Language in children with autism spectrum disorders. In E. Bavin, & L. R. Naigles (Eds.), *Cambridge handbook of child language* (2nd ed.). (pp. 637–658). Cambridge: Cambridge University Press.

Naigles, L. R., & Fein, D. (2017). Looking through their eyes: Tracking early language comprehension in ASD. In L. Naigles (Ed.), *Innovative investigations of language in autism* spectrum disorder (pp. 49–70). New York, NY: APA Books/Walter de Gruyter.

Naigles, L. R., Kelty, E., Jaffery, R., & Fein, D. (2011). Abstractness and continuity in the syntactic development of young children with autism. *Autism Research, 4*, 422–437.

Naigles, L. R., & Tek, S. (2017). 'Form is easy, meaning is hard' revisited: (Re)characterizing the strengths and weaknesses of language in children with autism spectrum disorder. *Wiley Interdisciplinary Reviews: Cognitive Science, 8*, e1438.

Naigles, L. R., & Tovar, A. T. (2012). Portable intermodal preferential looking (IPL): Investigating language comprehension in typically developing toddlers and young children with autism. *Journal of Visualized Experiments, 70*, e4331.

Nation, K., Marshall, C., & Altmann, G. (2003). Investigating individual differences in children's real-time sentence comprehension using language-mediated eye movements. *Journal of Experimental Child Psychology, 86*, 314–329.

Norbury, C. F. (2017). Eye-tracking as a window on language processing in ASD. In L.R. Naigles (Ed.), *Innovative investigations of language in autism* spectrum disorder (pp. 13–33). New York, NY: APA Books.

Novick, J. M., Trueswell, J. C., & Thompson-Schill, S. L. (2005). Cognitive control and parsing: Reexamining the role of Broca's area in sentence comprehension. *Cognitive, Affective, & Behavioral Neuroscience, 5*, 263–281.

Omaki, A. (2010). *Commitment and flexibility in the developing parser*. Ph.D. dissertation, University of Maryland.

Omaki, A., Davidson White, I., Goro, T., Lidz, J., & Phillips, C. (2014). No fear of commitment: Children's incremental interpretation in English and Japanese *wh*-questions. *Language*

Learning and Development, 10, 206-233.

Onishi, K. H., & Baillargeon, R. (2005). Do 15-month-old infants understand false beliefs? *Science, 308*, 255-258.

Ozonoff, S., Pennington, B. F., & Rogers, S. J. (1991). Executive function deficits in high-functioning autistic individuals: Relationship to theory of mind. *Journal of Child Psychology and Psychiatry, 32*, 1081-1105.

Özge, D., Küntay, A., & Snedeker, J. (2019). Why wait for the verb? Turkish speaking children use case markers for incremental language comprehension. *Cognition, 183*, 152-180.

Özge, D., Marinis, T., & Zeyrek, D. (2015). Incremental processing in head-final child language: Online comprehension of relative clauses in Turkish-speaking children and adults. *Language, Cognition and Neuroscience, 30*, 1230-1243.

Paul, R., Augustyn, A., Klin, A., & Volkmar, F. R. (2005a). Perception and production of prosody by speakers with autism spectrum disorders. *Journal of Autism and Developmental Disorders, 35*, 205-220.

Paul, R., Shriberg, L. D., McSweeny, J., Cicchetti, D., Klin, A., & Volkmar, F. (2005b). Brief report: Relations between prosodic performance and communication and socialization ratings in high functioning speakers with autism spectrum disorders. *Journal of Autism and Developmental Disorders, 35*, 861-869.

Pellicano, E. (2010). Individual differences in executive function and central coherence predict developmental changes in theory of mind in autism. *Developmental Psychology, 46*, 530-544.

Peppé, S., McCann, J., Gibbon, F., O'Hare, A., & Rutherford, M. (2006). Assessing prosodic and pragmatic ability in children with high-functioning autism. *Journal of Pragmatics, 38*, 1776-1791.

Peppé, S., McCann, J., Gibbon, F., O'Hare, A., & Rutherford, M. (2007). Receptive and expressive prosodic ability in children with high-functioning autism. *Journal of Speech, Language, and Hearing Research, 50*, 1015-1028.

Perovic, A., Modyanova, N., & Wexler, K. (2013). Comprehension of reflexive and personal pronouns in children with autism: A syntactic or pragmatic deficit? *Applied Psycholinguistics, 34*, 813-835.

Peterson, C. C., Garnett, M., Kelly, A., & Attwood, T. (2009). Everyday social and conversation applications of theory-of-mind understanding by children with autism-spectrum disorders or typical development. *European Child & Adolescent Psychiatry, 18,* 105−115.

Pickering, M. J., Traxler, M.J., & Crocker, M.W. (2000). Ambiguity resolution in sentence processing: Evidence against frequency-based accounts. *Journal of Memory and Language, 43,* 447−475.

Pierrehumbert, J., & Hirschberg, J. (1990). The meaning of intonational contours in interpretation of discourse. In P. Cohen, J. Morgan, & M. Pollack (Eds.), *Intentions in Communication* (pp. 271−311). Cambridge, MA: MIT Press.

Plesa-Skwerer, D., Jordan, S. E., Brukilacchio, B. H., & Tager-Flusberg, H. (2016). Comparing methods for assessing receptive language skills in minimally verbal children and adolescents with autism spectrum disorders. *Autism, 20,* 591−604.

Premack, D., & Woodruff, G. (1978). Does the chimpanzee have a theory of mind? *Behavioral and Brain Sciences, 4,* 515−526.

Prieto, P. (2015). Intonational meaning. *Wiley Interdisciplinary Reviews: Cognitive Science, 6,* 371−381.

Pritchett, B. L. (1988). Garden path phenomena and the grammatical basis of language processing. *Language, 64,* 539−576.

Pritchett, B. L. (1992). *Grammatical competence and parsing performance.* Chicago, IL: University of Chicago Press.

R Development Core Team (2017). *R: A Language and Environment for Statistical Computing.* Vienna: R Foundation for Statistical Computing. Retrieved from http://www.r-project.org/.

R Core Team. (2019). *R: A Language and Environment for Statistical Computing.* R Foundation for Statistical Computing, Vienna, Austria. Retrieved from https://www.R-project.org/.

Ramenzoni, V. C., & Liszkowski, U. (2016). The social reach: 8-month-olds reach for unobtainable objects in the presence of another person. *Psychological Science, 27,* 1278−1285.

Rapin, I., & Dunn, M. (2003). Update on the language disorders of individuals on the autistic spectrum. *Brain & Development, 25,* 166−172.

Riches, N. G., Loucas, T., Baird, G., Charman, T., & Simonoff, E. (2012). Interpretation of compound nouns by adolescents with specific language impairment and autism spectrum disorders: An investigation of phenotypic overlap. *International Journal of Speech-Language Pathology, 14,* 307−317.

Robins, D. L., Casagrande, K., Barton, M., Chen, C. M. A., Dumont-Mathieu, T., & Fein, D.

(2014). Validation of the modified checklist for autism in toddlers, revised with follow-up (M-CHAT-R/F). *Pediatrics, 133,* 37−45.

Roeyers, H., & Demurie, E. (2010). How impaired is mind-reading in high-functioning adolescents and adults with autism? *European Journal of Developmental Psychology, 7,* 123−134.

Ruffman, T., Garnham, W., Import, A., & Connolly, D. (2001). Does eye gaze indicate implicit knowledge of false belief? Charting transitions in knowledge. *Journal of Experimental Child Psychology, 80,* 201−224.

Rutherford, M. D., Baron-Cohen, S., & Wheelwright, S. (2002). Reading the mind in the voice: A study with normal adults and adults with Asperger syndrome and high functioning autism. *Journal of Autism and Developmental Disorders, 32,* 189−194.

Rutter, M., & Lockyer, L. (1967). A five- to fifteen- year follow-up study of infantile psychosis: I. Description of sample. *The British Journal of Psychiatry, 113,* 1169−1182.

Rutter, M., Maywood, L., & Howlin, P. (1992). Language delay and social development. In P. Fletcher, & D. Hall (Eds.), *Specific speech and language disorders in children: Correlates, characteristics, and outcomes* (pp. 63−78). London: Whurr.

Sasson, N. J., Turner-Brown, L. M., Holtzclaw, T. N., Lam, K. S., & Bodfish, J. W. (2008). Children with autism demonstrate circumscribed attention during passive viewing of complex social and nonsocial picture arrays. *Autism Research, 1,* 31−42.

Schuwerk, T., Jarvers, I., Vuori, M., & Sodian, B. (2016). Implicit mentalizing persists beyond early childhood and is profoundly impaired in children with autism spectrum condition. *Frontiers in Psychology, 7,* 1696.

Schuwerk, T., Vuori, M., & Sodian, B. (2015). Implicit and explicit theory of mind reasoning in autism spectrum disorders: The impact of experience. *Autism, 19,* 459−468.

Sekerina, I. A., & Trueswell, J. C. (2012). Interactive processing of contrastive expressions by Russian children. *First Language, 32,* 63−87.

Senju, A. (2012). Spontaneous theory of mind and its absence in autism spectrum disorders. *The Neuroscientist, 18,* 108−113.

Senju, A., Southgate, V., Miura, Y., Matsui, T., Hasegawa, T., Tojo, Y., Osanai, H., & Csibra, G. (2010). Absence of spontaneous action anticipation by false belief attribution in children with autism spectrum disorder. *Development and Psychopathology, 22,* 353−360.

Senju, A., Southgate, V., White, S., & Frith, U. (2009). Mindblind eyes: An absence of spontaneous theory of mind in Asperger syndrome. *Science, 325*, 883–885.

Shi, J., & Zhou, P. (2018). How possessive relations are mapped onto child language: A view from Mandarin Chinese. *Journal of Psycholinguistic Research, 47*, 1321–1341.

Shriberg, L. D., Paul, R., McSweeny, J. L., Klin, A., Cohen, D. J., & Volkmar, F. R. (2001). Speech and prosody characteristics of adolescents and adults with high-functioning autism and Asperger syndrome. *Journal of Speech, Language, and Hearing Research, 44*, 1097–1115.

Smith, V., Mirenda, P., & Zaidman-Zait, A. (2007). Predictors of expressive vocabulary growth in children with autism. *Journal of Speech, Language, and Hearing Research, 50*, 149–160.

Snedeker, J., & Trueswell, J. C. (2004). The developing constraints on parsing decisions: The role of lexical-biases and referential scenes in child and adult sentence processing. *Cognitive Psychology, 49*, 238–299.

Southgate, V., Senju, A., & Csibra, G. (2007). Action anticipation through attribution of false belief by 2-year-olds. *Psychological Science, 18*, 587–592.

Speer, S. R., & Ito, K. (2009). Prosody in first language acquisition—Acquiring intonation as a tool to organize information in conversation. *Language and Linguistics Compass, 3*, 90–110.

Staub, A., & Clifton, C., Jr. (2006). Syntactic prediction in language comprehension: Evidence from *either...or*. *Journal of Experimental Psychology: Learning, Memory, and Cognition, 32*, 425–436.

Su, Y. E., Jin, Y., Wan, G. B., Zhang, J. S., & Su, L. Y. (2014). Interpretation of *wh*-words in Mandarin-speaking high-functioning children with autism spectrum disorders. *Research in Autism Spectrum Disorders, 8*, 1364–1372.

Su, Y. E., Naigles, L. R., & Su, L. Y. (2018). Uneven expressive language development in Mandarin-exposed preschool children with ASD: Comparing vocabulary, grammar, and the decontextualized use of language via the PCDI-Toddler Form. *Journal of Autism and Developmental Disorders, 48*, 3432–3448.

Sun, X., & Allison, C. (2010). A review of the prevalence of autism spectrum disorder in Asia. *Research in Autism Spectrum Disorders, 4*, 156–167.

Sun, X., Allison, C., Matthews, F. E., Sharp, S. J., Auyeung, B., Baron-Cohen, S., & Brayne, C. (2013). Prevalence of autism in mainland China, Hong Kong and Taiwan: A systematic review and meta-analysis. *Molecular Autism, 4*, 7.

Swensen, L. D., Kelley, E., Fein, D., & Naigles, L. R. (2007). Processes of language acquisition in children with autism: Evidence from preferential looking. *Child Development, 78*, 542-557.

Tabor, W., & Hutchins, S. (2004). Evidence for self-organized sentence processing: Digging-in effects. *Journal of Experimental Psychology: Learning, Memory, and Cognition, 30*, 431-450.

Tager-Flusberg, H. (1981). Sentence comprehension in autistic children. *Applied Psycholinguistics, 2*, 5-24.

Tager-Flusberg, H. (1999a). A psychological approach to understanding the social and language impairments in autism. *International Review of Psychiatry, 11*, 325-334.

Tager-Flusberg, H. (1999b). The challenge of studying language development in autism. In L. Menn, & N. B. Ratner (Eds.), *Methods for studying language production* (pp. 311-330). Mahwah, NJ: Erlbaum.

Tager-Flusberg, H. (2007). Evaluating the theory-of-mind hypothesis of autism. *Current Directions in Psychological Science, 16*, 311-315.

Tager-Flusberg, H. (2016). Risk factors associated with language in autism spectrum disorder: Clues to underlying mechanisms. *Journal of Speech, Language, and Hearing Research, 59*, 143-154.

Tager-Flusberg, H., & Kasari, C. (2013). Minimally verbal school aged children with autism spectrum disorder: The neglected end of the spectrum. *Autism Research, 6*, 468-478.

Tager-Flusberg, H., Paul, R., & Lord, C. (2005). Language and communication in autism. In F. R. Volkmar, R. Paul, A. Klin, & D. J. Cohen (Eds.), *Handbook of autism and pervasive developmental disorders: Diagnosis, development, neurobiology, and behavior* (3rd ed.) (pp. 335-364). New York: Wiley.

Tamis-LeMonda, C. S., Adolph, K. E., Lobo, S. A., Karasik, L. B., Ishak, S., & Dimitropoulou, K. A. (2008). When infants take mothers' advice: 18-month-olds integrate perceptual and social information to guide motor action. *Developmental Psychology, 44*, 734-746.

Tanenhaus, M. K., Spivey-Knowlton, M. J., Eberhard, K. M., & Sedivy, J. C. (1995). Integration of visual and linguistic information in spoken language comprehension. *Science, 268*, 1632-1634.

Taraban, R., & McClelland, J. L. (1988). Constituent attachment and thematic role assignment in sentence processing: Influences of content-based expectations. *Journal of Memory and Language, 27*, 597-632.

Tek, S., Mesite, L., Fein, D., & Naigles, L. (2014). Longitudinal analyses of expressive language development reveal two distinct language profiles among young children with autism spectrum disorders. *Journal of Autism and Developmental Disorders, 44*, 75−89.

Terzi, A., Marinis, T., & Francis, K. (2016). The interface of syntax with pragmatics and prosody in children with autism spectrum disorders. *Journal of Autism and Developmental Disorders, 46*, 2692−2706.

Tomasello, M., Carpenter, M., & Liszkowski, U. (2007). A new look at infant pointing. *Child Development, 78*, 705−722.

Tovar, A. T., Fein, D., & Naigles, L. R. (2015). Grammatical aspect is a strength in the language comprehension of young children with autism spectrum disorder. *Journal of Speech, Language, and Hearing Research, 58*, 301−310.

Traxler, M. J. (2002). Plausibility and subcategorization preference in children's processing of temporarily ambiguous sentences: Evidence from self-paced reading. *Quarterly Journal of Experimental Psychology, 55*, 75−96.

Traxler, M. J. (2005). Plausibility and verb subcategorization in temporarily ambiguous sentences: Evidence from self-paced reading. *Journal of Psycholinguistic Research, 34*, 1−30.

Trueswell, J. C. (2008). Using eye movements as a developmental measure within psycholinguistics. In I. A. Sekerina, E. M. Fernández, & H. Clahsen (Eds.), *Developmental psycholinguistics: On-line methods in children's language processing* (pp. 73−96). Amsterdam: John Benjamins.

Trueswell, J. C., & Gleitman, L. R. (2007). Learning to parse and its implications for language acquisition. In G. Gaskell (Ed.), *Oxford handbook of psycholinguistics* (pp. 635−656). Oxford: Oxford University Press.

Trueswell, J. C., Sekerina, I., Hill, N. M., & Logrip, M. L. (1999). The kindergarten-path effect: Studying online sentence processing in young children. *Cognition, 73*, 89−134.

Trueswell, J. C., Tanenhaus, M. K., & Garnsey, S. M. (1994). Semantic influences on parsing: Use of thematic role information in syntactic ambiguity resolution. *Journal of Memory and Language, 33*, 285−318.

Van Berkum, J. J. A., Brown, C. M., Zwitserlood, P., Kooijman, V., & Hagoort, P. (2005). Anticipating upcoming words in discourse: Evidence from ERPs and reading times. *Journal of Experimental Psychology: Learning, Memory, and Cognition, 31*, 443−467.

Van Dyke, J. A., & Lewis, R. L. (2003). Distinguishing effects of structure and decay on attachment and repair: A cue-based parsing account of recovery from misanalyzed ambiguities. *Journal of Memory and Language, 49,* 285-316.

Van Gompel, R. P. G., & Pickering, M. J. (2007). Syntactic parsing. In M. G. Gaskell (Ed.), *The oxford handbook of psycholinguistics* (pp. 289-307). Oxford: Oxford University Press.

Van Heugten, M., & Shi, R. (2009). French-learning toddlers use gender information on determiners during word recognition. *Developmental Science, 12,* 419-425.

Venker, C. E., Eernisse, E. R., Saffran, J. R., & Weismer, S. E. (2013). Individual differences in the real-time comprehension of children with ASD. *Autism Research, 6,* 417-432.

Verschueren, J. (1999). *Understanding pragmatics*. London: Edward Arnold.

Wang, A. T., Lee, S. S., Sigman, M., & Dapretto, M. (2006). Neural basis of irony comprehension in children with autism: The role of prosody and context. *Brain, 129,* 932-943.

Wang, F., Lu, L., Wang, S. B., Zhang, L., Ng, C. H., Ungvari, G. S., Cao, X. L., Lu, J. P., Hou, C. L., Jia, F. J., & Xiang, Y. T. (2018). The prevalence of autism spectrum disorders in China: A comprehensive meta-analysis. *International Journal of Biological Sciences, 14,* 717-725.

Weighall, A. R. (2008). The kindergarten path effect revisited: Children's use of context in processing structural ambiguities. *Journal of Experimental Child Psychology, 99,* 75-95.

Wellman, H. M., Cross, D., & Watson, J. (2001). Meta-analysis of theory-of-mind development: The truth about false belief. *Child Development, 72,* 655-684.

Wellman, H. M., Fang, F., Liu, D., Zhu, L., & Liu, G. (2006). Scaling of theory-of-mind understandings in Chinese children. *Psychological Science, 17,* 1075-1081.

Wellman, H. M., & Liu, D. (2004). Scaling of theory-of-mind tasks. *Child Development, 75,* 523-541.

Williams, D. L., Goldstein, G., Carpenter, P. A., & Minshew, N. J. (2005). Verbal and spatial working memory in autism. *Journal of Autism and Developmental Disorders, 35,* 747-756.

Wilson, D., & Wharton, T. (2006). Relevance and prosody. *Journal of Pragmatics, 38,* 1559-1579.

Wimmer, H., & Perner, J. (1983). Beliefs about beliefs: Representation and constraining function of wrong beliefs in young children's understanding of deception. *Cognition, 13,* 103-128.

Wittke, K., Mastergeorge, A. M., Ozonoff, S., Rogers, S. J., & Naigles, L. R. (2017). Grammatical language impairment in autism spectrum disorder: Exploring language phenotypes beyond standardized testing. *Frontiers in Psychology, 8,* 532.

Woodard, K., Pozzan, L., & Trueswell, J. C. (2016). Taking your own path: Individual differences in executive function and language processing skills in child learners. *Journal of*

Experimental Child Psychology, 141, 187−209.

Woodward, A. L. (1998). Infants selectively encode the goal object of an actor's reach. *Cognition, 69*, 1−34.

Yirmiya, N., Erel, O., Shaked, M., & Solomonica-Levi, D. (1998). Meta-analyses comparing theory of mind abilities of individuals with autism, individuals with mental retardation, and normally developing individuals. *Psychological Bulletin, 124*, 283−307.

Zhan, L. (2018). Scalar and ignorance inferences are both computed immediately upon encountering the sentential connective: The online processing of sentences with disjunction using the visual world paradigm. *Frontiers in Psychology, 9*, 61.

Zhang, T., Shao, Z., & Zhang, Y. (2016). Developmental steps in theory of mind of typical Chinese children and Chinese children with autism spectrum disorder. *Research in Autism Spectrum Disorders, 23*, 210−220.

Zhou, P., Crain, S., Gao, L., & Jia, M. (2017). The use of linguistic cues in sentence comprehension by Mandarin-speaking children with high-functioning autism. *Journal of Autism and Developmental Disorders, 47*, 17−32.

Zhou, P., Crain, S., Gao, L., Tang, Y., & Jia, M. (2015). The use of grammatical morphemes by Mandarin-speaking children with high-functioning autism. *Journal of Autism and Developmental Disorders, 45*, 1428−1436.

Zhou, P., Crain, S., & Zhan, L. (2012). Sometimes children are as good as adults: The pragmatic use of prosody in children's on-line sentence processing. *Journal of Memory and Language, 67*, 149−164.

Zhou, P., Crain, S., & Zhan, L. (2014). Grammatical aspect and event recognition in children's online sentence comprehension. *Cognition, 133*, 262−276.

Zhou, P., & Ma, W. (2018). Children's use of morphological cues in real-time event representation. *Journal of Psycholinguistic Research, 47*, 241−260.

Zhou, P., Ma, W., Zhan, L., & Ma, H. (2018). Using the visual world paradigm to study sentence comprehension in Mandarin-speaking children with autism. *Journal of Visualized Experiments, 140*, e58452.

Zhou, P., Shi, J., & Zhan, L. (2021). Real-time comprehension of garden-path constructions by preschoolers: A Mandarin perspective. *Applied Psycholinguistics, 42*, 181−205.

Zhou, P., Su, Y.E., Crain, S., Gao, L., & Zhan, L. (2012). Children's use of phonological information in ambiguity resolution: A view from Mandarin Chinese. *Journal of Child*

Language, 39, 687−730.

Zhou, P., Zhan, L., & Ma, H. (2019). Predictive language processing in preschool children with autism spectrum disorder: An eye-tracking study. *Journal of Psycholinguistic Research, 48*, 431−452.

附录 A：第一项研究中使用的测试句

实验中的测试句［每个视觉图像刺激匹配两个测试句，一个使用带有"选择偏向"的动词，另一个使用"中性"（不带选择偏向）的动词］。

（1）a. 康康要去找地上的蛋糕。
　　　b. 康康要去吃地上的蛋糕。
（2）a. 康康要去找地上的兔子。
　　　b. 康康要去喂地上的兔子。
（3）a. 康康要去买地上的皮球。
　　　b. 康康要去踢地上的皮球。
（4）a. 康康要去买地上的汽车。
　　　b. 康康要去开地上的汽车。
（5）a. 康康要去找地上的报纸。
　　　b. 康康要去读地上的报纸。
（6）a. 康康要去买地上的玩具。
　　　b. 康康要去玩地上的玩具。
（7）a. 康康要去找地上的小花。
　　　b. 康康要去摘地上的小花。
（8）a. 康康要去找地上的小车。
　　　b. 康康要去骑地上的小车。
（9）a. 美美要去找地上的蜡烛。
　　　b. 美美要去吹地上的蜡烛。

（10）a. 美美要去买地上的香蕉。
　　　b. 美美要去吃地上的香蕉。
（11）a. 美美要去买地上的果汁。
　　　b. 美美要去喝地上的果汁。
（12）a. 美美要去买地上的小鱼。
　　　b. 美美要去抓地上的小鱼。
（13）a. 美美要去找地上的蛋糕。
　　　b. 美美要去吃地上的蛋糕。
（14）a. 美美要去找地上的小猫。
　　　b. 美美要去抱地上的小猫。
（15）a. 美美要去找地上的小马。
　　　b. 美美要去骑地上的小马。
（16）a. 美美要去找地上的小花。
　　　b. 美美要去采地上的小花。

附录 B：第二项研究中使用的测试句

实验中的测试句（每个视觉图像刺激匹配两个测试句，一个为"把"字句，一个为"被"字句）。

（1）a. 被狮子轻轻地抱了起来。
　　　b. 把狮子轻轻地抱了起来。
（2）a. 被小狗轻轻地踢了过去。
　　　b. 把小狗轻轻地踢了过去。
（3）a. 被小马轻轻地推了过去。
　　　b. 把小马轻轻地推了过去。
（4）a. 被熊猫轻轻地抓了起来。
　　　b. 把熊猫轻轻地抓了起来。
（5）a. 被小猫轻轻地摸了一下。
　　　b. 把小猫轻轻地摸了一下。
（6）a. 被青蛙轻轻地打了一顿。
　　　b. 把青蛙轻轻地打了一顿。
（7）a. 被公鸡轻轻地亲了一下。
　　　b. 把公鸡轻轻地亲了一下。
（8）a. 被小象轻轻地撞了一下。
　　　b. 把小象轻轻地撞了一下。
（9）a. 被小马轻轻地绑了起来。
　　　b. 把小马轻轻地绑了起来。

（10）a. 被小牛轻轻地踩了一下。
　　　b. 把小牛轻轻地踩了一下。
（11）a. 被小猪轻轻地拉了起来。
　　　b. 把小猪轻轻地拉了起来。
（12）a. 被小马轻轻地拖了过去。
　　　b. 把小马轻轻地拖了过去。

附录 C：第三项研究中使用的测试句

实验中的测试句（每个句子用两种不同的韵律进行录音，其中一种韵律是疑问词短语为升调，另一种是疑问词短语为平调）。

（1）小明没有摘什么水果
（2）小明没有选什么动物
（3）小明没有玩什么玩具
（4）小明没有买什么吃的
（5）小明没有摸什么动物
（6）小明没有吃什么水果
（7）小明没有选什么衣服
（8）小明没有吃什么蔬菜
（9）小明没有喂什么动物
（10）小红没有摘什么水果
（11）小红没有选什么动物
（12）小红没有玩什么玩具
（13）小红没有买什么吃的
（14）小红没有摸什么动物
（15）小红没有吃什么水果
（16）小红没有选什么衣服
（17）小红没有吃什么蔬菜
（18）小红没有喂什么动物

附录 D：第五项研究中使用的测试句

实验中使用的测试句、控制句和填充句，其中（1）—（8）为测试句、（9）—（16）为控制句、（17）—（24）为填充句。

（1）小猫要去踢小狗的皮球。
（2）小鹿要去摸小羊的帽子。
（3）兔子要去拍小猪的桌子。
（4）猴子要去推兔子的椅子。
（5）小猪要去撞小鸟的杯子。
（6）小马要去背小鸡的本子。
（7）河马要去碰小狼的汽车。
（8）小羊要去拉小鹿的气球。
（9）小鸡要去踢小狗一下。
（10）猴子要去摸小羊一下。
（11）河马要去拍小猪一下。
（12）小猫要去推兔子一下。
（13）小狗要去撞小鸟一下。
（14）小羊要去背小鸡一下。
（15）小鸟要去碰小狼一下。
（16）兔子要去拉小鹿一下。
（17）小鹿要去踢小狼和椅子。
（18）小猫要去摸小鸟和皮球。

（19）小狼要去推小马和汽车。
（20）小鸟要去拍小猫和帽子。
（21）河马要去撞小鹿和桌子。
（22）猴子要去背河马和杯子。
（23）小鸡要去碰小猪和气球。
（24）小羊要去拉小狗和本子。

后　记

　　写作本书的过程也是对我过去十几年研究经历的一个回顾和反思。本人的研究领域是发展心理语言学（Developmental Psycholinguistics），主要考察儿童语言的发生与发展机制，探索环境和发育因素在儿童语言发生与发展过程中所起的作用。该领域高度交叉，涉及语言学、认知科学、发展心理学、神经科学和人工智能等不同学科。在过去的50年中，对儿童语言发生与发展机制的系统探索主要集中在印欧语系，而针对汉语儿童的系统研究非常有限。

　　学龄前是儿童语言能力发展的关键时期。儿童早期的语言发展与其后期的阅读能力和学业表现紧密相关，并且直接影响他们入学后的社交沟通能力和成人后的职业发展。根据国家统计局《中华人民共和国2015年国民经济和社会发展统计公报》，中国0—15岁儿童人口数为24166万，占总人口的17.6%。我国尚未开展针对儿童语言障碍的全国性流行病学调查，但按照1.53%的发生率保守推算，我国15岁以下的患各类不同语言障碍的儿童大概有370万。针对该群体的早期语言诊断与康复直接关系到他们的成长与发展，也关系到"健康中国"长远战略的实施。

　　但目前对汉语典型儿童语言能力的发展情况还缺乏系统研究，更缺少对非典型儿童语言能力的考察。现阶段对儿童语言能力的研究主要面临以下三个方面的挑战：

　　（1）缺理论：语言能力与其他认知能力发展的互动机制不明确；

　　（2）欠大规模数据：基于汉语儿童（包括典型儿童和非典型儿童）的大型语料库是空白；

(3)无智能计算模型：融合环境和发育因素的、能够预测语言能力发展和回溯语言障碍产生根源的计算模型是空白。

本书中涉及的研究聚焦汉语学龄前儿童的语言理解，系统考察并对比典型儿童与自闭症（又称孤独症）儿童语言理解的异同，探索语言理解与非语言的认知能力之间的关系。这是从跨学科融合的视角对解决以上三方面问题的一次尝试；或更确切地说，该系列研究为解决相关问题提供了一条较为具体的路径。同时，为了让读者能够更好地了解发展心理语言学这一研究领域，本书对该领域的一些核心问题和研究方法都做了详细的介绍。

本人从 2007 年开始在业师 Stephen Crain 教授和 Rosalind Thornton 教授指导下从事该领域的研究，迄今已经将近 16 年。在这 16 年中，本人在该领域的探索经历了几个不同的阶段，也遇到了不少的挑战，但始终未敢忘记业师的教导，始终以他们为楷模，始终保持着探索未知的好奇心和对科学研究的热情。从事交叉科学的研究是充满挑战的，需要研究者不断走出自己的舒适区，打破学科壁垒，勇敢大胆地去尝试和创新。一个人的力量毕竟有限，要真正解决以上提到的三个问题必然要求团队合作，需要有更多的研究者参与到发展心理语言学的研究中来，需要培养真正具有跨学科背景和视野的新一代发展心理语言学研究者。从事发展心理语言学的研究又是快乐的，因为我们总是和思维最开放、最具创造性的儿童进行互动，一路走来一直有志同道合的师长、同辈学友和学生的陪伴与帮助。

本人于 2016 年 6 月回国工作。本书正好是对过去几年研究工作的一个总结。本书中涉及的研究工作得到了很多师长的支持和指导：业师 Stephen Crain 教授和 Rosalind Thornton 教授、Maria Teresa Guasti 教授、Nina Hyams 教授、Jill de Villiers 教授、Mike Frank 教授、Kamil Ud Deen 教授、Martin Hackl 教授和杨小璐教授。同辈学友 Vincenzo Moscati、Loes Koring、Romoli Jacopo、战立侃、马维毅、邓盾、刘明明、胡旭辉、胡深爱、苏怡也提供了不少学术意见和文献资料。本人指导的研究生李婧、李玉蓉、赵舒颜、施嘉伟、张潇文和黄瑞迪在完成课题相关研究的过程中也付出了很多努力。最后，要特别感谢我的妻子孔艳颖女士，没有她的陪伴和照顾，我是不可能完成本书的写作的。

2024 年 1 月 10 日

于浙江大学外国语学院东五楼